취업 성공 인터뷰에서 해답을 찾다

취업진로 모티베이션

김미경 · 이영희

취업 선배 53명의 실전 사례로 배우는 취업 핵심 노하우

취업 성공
길잡이

사례 중심
실전 팁

직무 역량
개발 전략

무전공자
필독서

취업 성공 인터뷰에서 해답을 찾다
취업진로 모티베이션

발행일 전자책 2025년 4월 10일
       종이책 2025년 6월 16일

지은이 김미경, 이영희

디자인 김은아
편집자 이신우
발행인 이신우

출판사 두온교육 출판사
출판등록 제391-2023-000026호(2023년 07월 25일)
주 소 경기도 평택시 고덕중앙로 322 704호
대표전화 070-5089-5960
        https://www.duonedu.info

ISBN 전자책 979-11-94360-45-2(15000)
       종이책 979-11-94360-46-9(13000)

취업성공 인터뷰에서 해답을 찾다

취업진로
모티베이션

취업성공사례 53선

김미경, 이영희

두온교육 출판사

◇ ◇ ◇

저자는 우리 청년들이 이 사회에서 더 빛을 발할 수 있도록 지도하고 상담한 노하우를 이 책에 고스란히 담고 있습니다. 청년들이 나아갈 길을 고민하는 분들 모두에게 실전경험과 진정성이 담긴 이 책이 큰 도움이 될 거라 생각합니다.

민동원_단국대학교 경영학과 교수

◇ ◇ ◇

취업을 준비하는 과정에 대한 전략을 수립하고 체계적으로 목표에 다가갈 수 있도록 돕는 실전 가이드입니다. 저자의 다양한 경험과 여러 취업 사례를 통해 초보 취업 준비생뿐만 아니라 취업 재도전 중인 분들에게도 큰 도움이 될 것입니다.

이일석_단국대학교 영어과 교수

◇ ◇ ◇

취업문 앞에 서 있는 수많은 젊은이에게 두 저자는 말합니다. 두려워하지 마십시오. 자신감을 가지십시오. 저희 두 사람이 취직시켜 드린 사람이 정말 많아서 헤아릴 수가 없습니다. 흔히 취업전선이라고 합니다. 돌파방법을 미리 알아내면 작전을 세울 수있습니다. 지피지기면 백전백승입니다. 이 책은 여러분 마음의 근심을 들어드릴 완벽한 취업 안내서입니다. 합격을 축하합니다! 조만간 합격 메시지를 보게 될 것입니다.

이승하_중앙대학교 문예창작학과 교수

◇   ◇   ◇

취업을 준비하는 과정은 막막하고 어려울 수 있지만, 올바른 방향과 동기부여가 있다면 성공의 길이 보입니다. '취업진로 모티베이션'은 저자의 풍부한 경험과 실질적인 조언, 그리고 취업에 성공한 선배들의 생생한 이야기를 통해 취업을 준비하는 모든 이에게 확실한 이정표가 되어줄 것입니다.

하광룡_법률사무소 원원 대표변호사

◇   ◇   ◇

현재 취업을 준비하는 사람들에게, 꼭 필요한 내용을 담은 필독서다. 저자는 공공기관 면접관이자, 현장에서 많은 취업준비생들을 지도하고 성공시킨 노하우를 아낌없이 제공한다. 취준생에게 방향을 잡아줄 좋은 지침서가 될 것이다.

현용국_㈜학습과성장 대표

◇   ◇   ◇

청년고용에 있어 핵심은 각자가 가지는 '모티베이션'이다. 이 책에 실린 취업성공인터뷰는 독자에게 성공 노하우 만이 아니고 자기인식의 중요성을 잘 말해주고 있다. 또한 민간 및 공공기관, 외국계 기업 취업의 다양하고 현장감 있는 사례는 수많은 취업 컨설팅을 성공시킨 저자의 내공을 잘 보여주고 있다.

이한성_(사)한국ESG경영개발원 원장

책머리에

취업에 대한 정보가 넘쳐난다. 취업은 해야 하는데 어디에서부터 접근해야 할지 막막할 때가 있다. 이 책은 취업을 처음 준비하는 사람들을 위해, 실전에서 검증된 성공 사례를 바탕으로 취업 전략을 함께 고민해보고자 집필했다. 또한 취업성공을 위해 '취업 준비 전략'과 취업 성공 사례 53선이라는 큰 틀에서 그 해결책을 구성해 보고자 한다.

이 책은 취업 교과목 교재로 개발되었다. 자기 이해를 통한 직무선정, 기업분석, 블라인드채용, 자기소개서, 면접 등이 포함되어 있지만 취업 성공 인터뷰가 이 책의 핵심 내용이다. 따라서 인터뷰 이외의 파트에서는 강의를 통해 좀 더 구체적으로 다루기로 한다. 저자는 연간 800명 이상 대학생들의 취업 컨설팅을 하고 있다. 컨설팅 과정에서 다양한 기억이 있지만 그 중에서도 '지나친 고민'으로 '호기(好機)'를 놓치는 경우, 지원자가 자신의 세계관에 지나치게 집중한 나머지 세상의 관점을 자신에게 맞추려 한 일 등은 특별한 기억으로 남아 있다. 저자는 취업 성공을 꿈꾸는 분들께 스스로에 대한 '메타인지'를 하고 조금은 자의식을 내려놓으시라고 말씀드리고 싶다. 기회라는 것은 인생에서 한 번 올지 안 올지 모르는 일이기 때문이다. 우리는 늘 현재 닥친 문제 상황과 결정에 대해 객관성을 확보해야 한다. 정보를 중심으로 통찰을 하고 도전적인 자세로 취업 준비에 임해야 할 것이다.

코로나 이후 취업역량개발에 있어 비대면 수업이 정착되어 왔다. 이러한 이유로 직업교육, 어학, 자격증 취득률은 현저히 늘어났다. 그러나 오프라인 경험 활동이 상대적으로 줄어들게 되면서 대면 소통과 협업, 직무 관련 경험역량은 부족한 실정이다. 면접관으로 들어가 보면 경험역량이 풍부한 지원자와 그렇지 않은 지원자의 역량 차이는 어느 시점부터 크게 벌어진다. 공기업이나 일본계 기업처럼 기관과 기업 성격에 따라 조직 적응력이 좋은 인재를 요구할 수도 있지만 결국에는 직무준비도가 높고 잠재력이 풍부한 인재를 구하는 것은 해가 바뀌어도 크게 변하지 않을 것이라 생각한다.

이 책 Part Ⅰ에서는 입사 준비에 앞서 반드시 알고 넘어가야 할 항목들을 1:1컨설팅을 하듯이 주제별로 간단히 기술해 보았다. 먼저, 취업 시장의 흐름과 기본적인 준비 과정을 이해하고, 나에게 맞는 직무를 선택하는 방법을 알아본다.

Part Ⅱ에서 Part Ⅳ 까지는 취업준비생들이 가장 궁금해하는 이력서와 자기소개서 작성법, 면접 관련 내용이다. 이 파트에서는 주제별로 가장 최신의 정보를 적용해 놓았기에 취업 준비생들께는 큰 도움이 되리라 자부한다.

면접에서 직무역량면접은 매우 중요시 된다. 이 때문에 면접유형별 평가지표를 알아 두면 면접 준비에 큰 도움이 될 것이다. 그런데 최근 인성 면접이 한층 강화되는 추세인데, 업무는 '인간관계' 속에서 유기적인 협업을 통해 이루어지기 때문에 인성 면접이 강조되는 것은 당연한 듯하다.

Part Ⅴ '취업 성공 인터뷰 53선'은 지난 4년 동안 입사에 성공한 4년제 대학교 졸업 선배들을 대상으로 직무역량 강화 과정을 핵심적인 내용으로 담고 있다. 다양한 회사와 직무에서 취업에 성공한 선배님들이 어떤 전략을 사용했는지 확인할 수 있을 것이다. 스펙이나 경험이 부족하더라도, 자신만의 강점을 잘 살려 취업에 성공한 케이스를 통해 취업 준비를 하는 학생들이 무엇을 중점적으로 준비해야 할지에 대한 중요한 이해를 얻을 수 있을 것이다.

'취업 성공 사례 53선'은 저자가 직접 지도했고 인터뷰한 내용이므로 신뢰도가 매우 높다. 또한 다양한 산업군과 직무군의 합격자들에 대한 최신 정보를 제공하고 있어 직무가 이미 정해진 분들께는 명확한 방향성을 제시하고, 직무를 탐색 중인 분들께는 유익한 경험과 통찰을 얻을 수 있는 기회를 제공할 것이다. 이를 통해 취업에 성공한 선배들의 공통점을 파악하고, 나만의 보완점을 찾는 데 도움을 얻어, 자신만의 개별 전략을 세울 수 있기를 바란다. 이 지면을 빌어 다시 한번 인터뷰에 응해 주신 취업 성공 선배님들께 진심으로 감사의 마음을 전한다.

개인의 인생은 선천적, 태생적 환경의 영향을 크게 받는 것은 부인할 수 없는 사실이다. 저자는 이를 '신의 영역'이라 말한다. 하지만 그럼에도 불구하고 개인의 노력과 효과적인 전략을 통해 운명을 변화시킬 수 있는 가능성 역시 존재한다는 점을 저자의 경험을 통해 강조하고 싶다. 저자는 이것을 '인간의 영역'이라 말한다. 우리는 매 순간의 판단과 결정, 꿈을 향한 집념에 따라 무한한 가능성을 품고 있다. 그러한 생각들과 경험들이 쌓여 결국 당신의 오늘을 만들고, 나아가 내일을 만들어 갈 것이다. 아무쪼록 이 책을 통해 취업준비생들께서 취업이 주는 2%의 불안감을 떨쳐버리고 자기 자신에 대한 믿음과 잠재력으로 98%의 성장동력을 얻기를 바란다.

25년 3월 김미경

목차

목차

목차

CONTENTS

PART I

취업을 준비하기 전에 알아야 할 것들

◇ ◇ ◇

1. 취업 성공을 위한 기본 마인드셋

1) 직무 선정을 위한 중요 포인트

저자는 취업 준비생들로부터 무엇부터 해야 할지 막막하다는 이야기를 자주 듣곤 한다. 또 필요한 정보가 어디에 있는지 아무리 찾아도 모르겠다는 고충을 듣는다. 이쯤 되면 해드릴 말이 너무 많다. 일단 질문 들어간다.

☑ **질문) OO씨는 어떤 인생을 살고 싶냐 또는 어떤 인생을 살면 행복하겠느냐**

이러한 질문에 내담자는 한참 망설이거나 어렵지 않게 평소 생각하던 바를 차분히 들려준다. 그러나 의도치 않게 눈물을 삼키거나 어렵사리 개인사를 털어놓으며 현재 상황에 대해 힘들게 이야기할 때도 있다. 결국 내담자의 공통적인 답변은 '자신이 원하는 일을 하며 돈을 잘 벌면서 행복하게 살고 싶다'는 것이다.

☑ **질문) 그렇다면 어떻게 하면 목표로 하는 인생을 살기 위해 효율적인 전략을 세우며 도달할 수 있을까? 내담자가 나름대로 생각해 둔 것이 있다면? 없다면? 그것을 위한 전문성을 살리기 위해 무엇이 필요하다고 생각하는지? 전공을 살리지 않는다면 등의 질문이 이어진다.**

저자는 이러한 질의응답을 통해 막연했던 취업 진로에 대한 불확실성을 구체화시키고 고민을 해소해 나간다. 전공핵심역량과 비전공자로서의 준비 역량을 구체화시켜 나가다 보면 결혼과 자녀 출산, 부모와의 경제적 독립, 60세 이후의 삶에 이르기까지 다각적인 접근을 하게 된다. 그리고 지금, 현재 무엇을 해야 할지 현실적 과제를 인지시킨다. 그러나 이러한 컨설팅 과정에서 젊은 취업준비생들에게는 조하리의 창에서 보여지듯 무엇보다 자신이 경험해 보지 않은 미지(未知)의 창이 있기에 이에 대한 잠재력도 간과해서는 안된다. 이를 위해 다양한 경험 활동을 권하고 있는 것이다.

2) 직무 선정을 위한 체크리스트

☑ 직무란 무엇인가?

네이버 국어사전에 의하면 직무는 '직책이나 직업 상에서 책임을 지고 담당하여 맡은 사무. 맡은 일'로 순화한다고 나와 있다. HRD 용어사전에는 어느 정도 비슷한 업무 내용을 가진 직위들을 하나의 관리 단위로 설정한 것이라 설명한다. 지원자는 지원 직무에 대한 정의를 알고 설명할 수 있어야 한다. 자신이 어떤 직무에 적합한지 모를 경우 다음 사항을 체크하기를 바란다.

직무 미선정시 체크리스트와 진단(검사)

- 나는 이 일(공부)에 흥미로운가
- 나의 전공 적성은 맞는 것일까
- 나의 삶에 대한 뚜렷한 목적과 목표는?
- 삶에 대한 유기적인 통찰과 직업관
- 직무와 관련된 학업적 경쟁력(전공, 자격증, 직업교육, 어학 등)
- 직무와 관련된 경험적 경쟁력(인턴, 공모전, 프로젝트, 포트폴리오 등)
- 타고난(선천적)기질과 한계점
- 나의 환경을 둘러싼 기회 요인
- 취업 성공을 위한 중장기 전략 유무
- 현재의 일과 미래의 일에 대한 고민
- 멈춰야 하는 것과 바로 실천해야만 하는 것
- 알고 있는 것과 실천하지 않는 것
- 모든 가능성을 열어두고 경험 역량을 쌓고자 하는 의지 정도는?
- 자기소개서에 무엇을 쓸 수 있는가(쓰고 싶은가?)
- 면접에서 무엇을 어필할 것인가(하고 싶은가?)
- 스스로 정보와 사람을 대하는 태도와 이에 대한 처리 방법은?
- 주된 생각의 흐름과 변수를 받아들이는 자세는?
- 과거, 현재에 있어 실행력과 성과물에 대한 고찰

---

(1) 직업 선호도 검사 : 고용24 https://www.work.go.kr

- 고용노동부는 청소년과 성인을 대상으로 22종의 심리검사를 개발하여 제공한다.

- 검사는 워크넷을 통해 즉시 실시할 수 있으며 검사 결과는 검사 직후 '검사결과 보기'를 통해 확인해볼 수 있다. 검사 결과에 대한 문의와 상담은 워크넷에서 '검사결과 상담' 메뉴를 이용하거나 가까운 고용센터(국번없이☎1350)를 통해 서비스 받아보면 된다.

- 직업선호도검사 L형은 취업준비생들에게 가장 적합한 검사 유형이다.
  좋아하는 활동, 관심 있는 직업, 선호하는 분야를 탐색하여 여러분의 직업 흥미 유형에 적합한 직업들을 제공해 준다. 만 18세 이상 성인 구직자들의 직업 흥미, 성격, 생활사를 측정해 진로 선택과 관련한 특성을 통합적으로 이해하고 향후 만족하고 잘 적응할 수 있는 직업을 탐색하고 선택할 수 있도록 돕기 위한 검사이다.

- 또한 직업선호도검사 L형은 전 세계적으로 진로 및 직업상담 장면에서 가장 많이 활용되고 있는 홀랜드(Holland) 흥미 이론에 기초해 제작되었으며 검사 결과는 누구나 이해할 수 있도록 쉽게 구성됐다. 해당 검사는 검사 구성 및 소요 시간에 따라 S형(Short)과 L형(Long)이 있는데 L형은 60분 정도 소요되기 때문에 보다 상세한 정보를 얻고자 할 때 실시할 수 있다. 25분 정도 소요되는 S형은 시간이 부족하거나 꼭 필요한 정보만을 원할 때 선택적으로 실시할 수 있다. (대학생은 직업선호도검사L형을 추천)

(2) E-DISC진단 : https://edisckorea.com

- Extended DISC 모델은 Carl Jung과 William Marston의 심리학 이론에 기반하여 개발되었으며 인간을 D, I, S, C 네 가지 유형으로 분류한 것으로 사람들은 누구나 네 가지 유형을 갖고 있으며 행동 유형별 특성이 있다고 본다.

- 내면의 자아와 현실의 자아를 발견, 대인관계를 효과적으로 인도하는 역할을 한다. (대인관계, 리더십, 조직개발, 핵심 인재 관리, 채용, 팀 활성화, 조직진단, 채용, 개인 행동 유형, 직무 적합성, 대인관계 컨설팅)

- 졸업 후 진로를 고민하는 학생들에게 본인의 행동 스타일에 맞는 작업 및 직무를 사전에 파악하여 DISC 4가지 유형에서 평소의 나, 일할 때의 나의 모습을 프로파일로 해석한다.

- 활용 : 자기 보고식 문항을 통해 인식과 판단에 있어 각자 선호하는 경향을 찾고 이러한 경향들이 합쳐져서 인간 행동에 미치는 영향을 파악, 실생활에 응용할 수 있도록 제작되었다. 이외에도 활용분야는 조직 및 팀관리, 인사관리 및 채용, 교육 및 자기개발, 리더십개발, 갈등관리 등이 있으며 특히, 기업이나 조직에서 사람들의 행동을 관리하고 협력할 수 있는 중요한 도구로 활용된다.

- 이해 : C.G.Jung은 심리유형론에서 개인의 인식, 판단 기능 개인 선호 방법은 다르다는 것을 말하며 4가지 선호 경향을 말해준다. E-DISC는 이러한 유형을 진단하여 사람의 행동특성, 의사소통 스타일, 스트레스에 대한 반응 등을 파악하는데 유용하다.

2. 기업 분석 및 기업이 원하는 인재상

1) DART(전자공시시스템)

https://dart.fss.or.kr

• 전자공시시스템(DART : Data Analysis, Retrieval and Transfer System)은 상장법인 등이 공시서류를 인터넷으로 제출하고, 투자자 등 이용자가 인터넷을 통해 조회할 수 있도록 하는 종합적 기업공시시스템이다.

• 기업분석을 할 때 사기업의 경우 금융감독원의 전자공시시스템인 다트(DART)를 통해 분석을 한다. 이를 통해 계열회사의 출자 현황과 재무제표와 연결재무제표를 조회할 수 있다. 재무 정보에 대한 내용은 다트에서 일괄 다운로드가 가능하며 자사와 경쟁사를 비교 분석하며 채용프로세스상의 대응력을 키울 수 있다. 기업 분석과 산업 분석은 평소 경제신문을 통해 산업동향과 경제전망에 대해 살펴보고 기사 검색을 통해 지원 회사의 경쟁사와 취업하고자 하는 회사의 동향을 살펴본다. 재무제표 보는 법에 있어서는 숫자 상의 증감을 보는 것도 중요하지만 다트에서는 관련된 정보에 대한 큰 흐름과 맥락을 중심으로 이해하는 것도 중요하다.

• 상장사의 경우 사업보고서가 올라오고, 비상장사는 감사보고서가 올라온다. 이를 통해 지원하려는 회사가 어느 위치에 있고 어떤 태도로 회사를 보아야 하는지 짐작할 수가 있을 것이다. 참고로 감사보고서가 제18기라고 한다면 이를 사람의 나이로 보는 것도 나쁘지 않다. 사람으로 보자면 18세인 셈이다. 만약 제30기가 넘어간다면 어른이 되었다고 해도 무방하다. 기업상장 시 중요한 것은 기업의 성장성이고, 매출이 줄어든다면 이는 비즈니스의 산업 내 위치나 점유율 등을 잃어가고 있다는 의미인데 이러한 정보들도 DART에 공시된 재무제표를 통해 파악할 수 있다.

- 일반적으로 다트에서 가장 먼저 봐야 할 곳은 '주석'이다. 주석을 보면 누가 회사의 주인인지를 알 수 있다. 기업분석에서는 A부터 Z까지 모두 다 살펴볼 수도 있지만 전체적인 맥을 잘 짚어 낼 수 있어야 한다. 이를테면 선수금(미리 받은 금액)이 중요한 업종은 어떤 회사가 있을까? 건설이나 중공업, 군수산업 등이 해당될 것이다.

- 기업분석 시 해당 기업의 성장성(총자산 증가율, 매출액증가율, 영업이익률 증가율)과 함께 안정성지표도 함께 살펴본다. 안정성지표에는 유동성비율, 당좌비율, 부채비율 등에 대한 연도별 추이를 보며, 증감의 원인이 어디에 있는지 살펴보아야 한다. (이 책에서는 개별용어에 대한 설명과 DART분석에 대한 구체적인 설명은 생략하기로 한다. DART분석과 관련하여 유튜브 영상이 많으므로 대체 해 주시기를 바란다)

2) 알리오(ALIO)

https://www.alio.go.kr

- 공공기관 경영정보 공개 시스템 알리오(ALIO)는 국민들이 공공기관의 경영과 관련된 주요 정보를 인터넷으로 종합적으로 한눈에 파악할 수 있도록 2006년에 구축한 시스템이다.

- 공공기관이란 정부의 투자 · 출자 또는 정부의 재정지원 등으로 설립 · 운영되는 기관으로서 일정 요건에 해당하여 기획재정부장관이 매년 지정한 기관을 의미한다. 2024년 공공기관 지정은 327개이며 이중 공기업 32개, 시장형 14개, 준시장형 18개, 준정부기관 55개, 기금관리형, 12개 위탁집행형 43개, 기타 공공기관 240개이다.

- 공공기관의 유형에는 공기업, 준정부기관, 기타 공공기관으로 구별할 수 있다. 또한 공기업은 시장형 공기업과 준시장형 공기업으로 구분할 수 있는데 지정 요건이 자산 2조원 이상 자체수입 85% 이상을 기준으로 시장형 공기업을 지정한다. 준정부기관의 경우 기금관리형 준정부기관과 위탁집행형 준정부기관으로 나눌 수 있다. 기타 공공기관의 경우는 공기업 또는 준정부기관이 아닌 것으로 분류하면 이해하기 쉬울 것이다.

- 공공기관 지원자는 알리오를 통해 공공기관의 임직원 현황과 신규 채용 현황, 직원 평균 보수, 복리후생, 재무 정보, 사회공헌활동 등 각종 주요 통계를 볼 수 있다.

3) 외국계 기업 및 기타

https://www.worldjob.or.kr

- 외국계 기업의 경우 한국산업인력공단에서 운영하는 '월드잡플러스'에서 채용과 모집, 설명회와 박람회 등 다양한 정보를 알 수 있다. 외국 현지 채용의 경우에는 '해외 진출의 모든 것'을 확인하거나 KOTRA를 통해 정보를 얻도록 하자. 영문이력서 작성법과 일문 이력서 작성법, 영문이력서 첨삭과 일문 이력서 첨삭도 신청하여 활용하면 좋다. 참고로 외국계 회사의 국내 진출(국내 법인)의 경우에는 국내 잡플랫폼에서 채용 공고와 기업별 정보가 상시 올라오고 있으니 부지런히 적절한 키워드로 검색하는 요령도 필요하다.

- 지원자는 취업컨설턴트에게 모든 답을 얻으려고 하지 말고 스스로 정보검색 능력을 길러야만 한다. 결과물을 잘 가져올 수 있는 적절한 키워드 검색을 통해 원하는 정보에 도달하여야한다. 또한 외국계 기업의 경우에는 언어별(국가별)로 블로그나 유튜브도 활성화되어 있으니 '공준모', '독취사' 등 잡카페를 통하거나 포털 검색을 통해 정보를 찾아보아야 할 것이다. 필요한 경우 국가별 잡플랫폼에 접속하여 다이렉트로 정보를 구하는 것도 방법이며 현직자 또는 원어민과의 교류로 온, 오프라인 정보를 취득하도록 하자.

- 최근에는 워크넷, 사람인, 잡코리아, 잡플래닛등에서 외국계 기업 정보도 다양하게 제공하고 있다. 사람인의 경우 기업정보를 통해 업력, 기업형태, 업종, 사원 수, 연도별 매출, 연봉정보, 사업 내용, 주소, 홈페이지, 연혁, 면접 꿀팁, 취업성공 필살기에 대한 선배 조언, 직무 리포트까지 수월하게 정보를 접할 수 있게끔 되어 있으니 잘 찾아보도록 하자.

4) 기업분석과 입사지원

• 기업 분석이 끝나면 채용 준비에 있어 지원하고자 하는 기업의 관련 산업, 사업, 제품, 서비스에 대해 술술 설명할 수 있을 정도로 능숙하게 말하는 연습이 필요하다. 자신만의 이해와 학습이 되지 못한 채 지원 동기나 면접에 있어 팩트를 나열하게 되면 평가자 입장에서는 회사에 대한 정보력 부족으로 '묻지마 지원'이라는 의구심을 가질 수도 있다.

• 네이버 금융 홈에서도 수많은 증권사의 리포트들이 존재한다. 이를 통해 기업실적, 기술력 등 주요사실들과 수치들을 확인해서 암기해 둘 필요가 있다. 지원자는 기업과 관련된 정보와 관련하여 찾는 데만 익숙해질 것이 아니라 정확한 이해와 관심이 필요하다 하겠다. 이를 통해 자신이 지원하려는 회사에 대해 어떠한 생각으로 나아가고 있는지 향후 무엇을 더 찾아야 하는지를 깨달아야 할 것이다.

• 지원자는 기업별 전략사업 또는 신규사업에 대한 정보에 대해 연구 마인드로 초점을 맞추어 정보수집을 해야 할 것이며 나만의 입사 지원 동기를 찾아야 한다. 또한 최근의 산업계 동향과 지원기업과의 경쟁력, 특허, 최근 이슈 등에 대한 이해 수준이 정보수집력 차원에서 지원자를 차별화시킬 수 있을 것이다.

• 기업 분석에는 3C분석, SWOT분석, 5forces모델도 많이 쓰이지만 이 책에서는 이와 관련한 세부 사항들은 강의에서 다루고 생략하도록 한다.
대신 지원자는 지원기업에 대해 반드시 3C분석과 SWOT분석 능력이 있어야 면접전형에 대응이 될 것이다.

3. NCS 국가직무능력표준(NCS공정채용)

1) 블라인드 채용(공정채용)의 이해

(1) NCS(국가직무능력표준)란?

　　NCS(국가직무능력표준, National Competency Standards)는 산업 현장의 직무를 수행하기 위해 필요한 능력(지식, 기술, 태도)을 국가적 차원에서 표준화한 것이다. 공공기관 취업에 있어 블라인드채용과 공정 채용, NCS 채용 등 용어에 혼선이 많다. 정권이 바뀌면서 표현이 조금씩 달리되어 왔는데 '능력 중심 채용'이라고 이해하면 된다.

　　여러분들은 보다 블라인드채용에 관한 구체적인 정보를 알아야 하기에 네이버 검색창에서 'NCS'를 입력하여 'NCS 국가직무능력표준, NCS 공정채용' 홈페이지를 보면서 추가적인 정보를 얻을 것을 권한다. 따라서 이 지면에서는 간단히 언급하기로 한다.

(2) 블라인드 채용의 목적

- **구직자**
  - 자신이 원하는 직무에 꼭 필요한 능력을 배양
  - 불필요한 스펙이 아닌 적합한 능력을 개발
  - 이를 통한 시간적, 금전적 비용절감

• **기관(기업)**

- 적합한 인재선발 및 재교육비 감소

- 기관에서 원하는 인재가 갖추어야 할 직무능력

- 지원자의 '지식', 기술', '태도'역량을 체계적으로 평가할 수 있어 적합한 인재 채용

- 재교육비용, 채용과정의 비효율 감소

• **사회(국가)**

- 스펙 초월 능력 중심 사회 구현 및 국가 경쟁력 강화

- NCS 기반 채용을 통해 스펙 초월 능력 중심 사회 구현

- 직무 적합형 인재 선발, 직무만족도 향상, 조직몰입도 향상 및 성과창출

- 조직역량 강화, 국가경쟁력 강화라는 선순환의 고리 마련

- 비생산적 비용, 미스 매칭률 감소

블라인드 면접에서는 평가자와 지원자 간의 친인척이 있거나, 근무를 함께 한 경험 관계 등 '이해충돌'이 발생할 경우 제척(除斥), 회피, 기피를 할 수 있다.

🔲 이해 충돌이란

- 공직자가 직무를 수행할 때 자신의 사적 이해관계가 관련되어 공정하고 청렴한 직무수행이 저해되거나 저해될 우려가 있는 상황
- 적용 대상 : 공무원, 공직유관단체 및 공공기관의 임직원, 국·공립학교 교직원, 공무수행 사인
- 기타 각종 위원회 회원 및 공공기관의 권한을 위탁받은 사인 등(채용 면접은 여기에 해당)

2) 블라인드 채용 프로세스

(1) 능력 중심 채용 공고

구체적 직무 정보 및 필요 역량 정보를 채용공고문으로 지원자가 평가Self-Screening
- Step01. 채용공고를 통해 직무 분야에 대한 직무기술서 확인
- Step02. 직무별 능력 단위는 NCS 사이트 내 NCS 학습 모듈 검색
- Step03. 지원자의 경험에 비추어 지원하고자 하는 분야의 직무 수행 내용과 필요 지식, 기술, 태도를 확인 후 입사 지원

직무수행 요건 점검, 지원 여부에 대한 사전 판단, 자신의 직무능력 수준 점검, 채용 과정에 대한 공정성 인식, 직무 능력에 대한 사전 준비(직무능력 제시)

(2) 입사 지원서

- 교육 사항 : 지원 분야의 직무수행 내용과 관련한 교육 사항
- 학교 교육 : 직무 관련 학교 교육 과목 이수
- 직업 교육 : 학교 이외의 기관에서 실업교육, 기능교육, 직업훈련
- 관련된 자격증 : 직무기술서 필요 자격 확인 후 보유 자격 제시
- 채용 직무의 내용 와 필수 요건(항목 타당성)검증, 주요 항목별 가중치 도출

(3) 경험 및 경력 기술서

지원 분야 직무수행 내용을 기반으로 지원자의 경력 및 경험(기타활동) 서술

(4) 자기 계발 능력

해당 기관에서 요구한 필요 지식, 기술 직무수행 태도, 직업 기초능력 등을 자기소개서에 지원자의 능력을 서술한다.

> **⚠ Tip 경험과 경력의 차이는?**
>
> – 경력 : 금전적인 보수를 받고 수행한 활동을 의미한다.
> – 경험 : 금전적인 보수를 받지 않고 수행한 활동을 의미한다.

(5) 필기 평가

직무능력 중심 NCS 필기 평가, 실무에 필요한 지식 준비(필요 지식, 필요 기술, 직무수행 태도, 필요 자격, 직업 기초능력)

(6) 면접 유형

최근 면접에서는 FIT 인성 검사 결과지, AI를 활용한 개별 추천질문지, AI 면접 결과지, 인성 검사 결과지 등을 참고한 면접이 이루어진다. 이를 통해 지원자의 정신자세, 직업윤리, 품행, 책임감, 관계 능력 등을 검증한다.

지원자는 면접관의 질문에 신중히 잘 듣고 답변하는 요령이 필요하다. 지원자 중에는 블라인드 위배 사항으로 불합격되는 경우도 보게 되는데 자신이 왜 불합격되었는지 반드시 점검해 보아야 할 사항이다.

공기업에서는 일반적으로 60점이 과락 기준으로 기관마다 차이는 있겠지만 허들식과 합산으로 이루어지는 경우가 있다.

블라인드 채용에서는 구조화된 면접이 특징이다. 이에 대해 살펴보면,

첫 번째 '일관성'

- 직무역량에 초점을 둔 질문을 한다.
- 역량별 구체적인 질문 예시 목록이 사전에 준비되어 있다.
- 역량질문은 지원자별로 동일하다.

두 번째 '구조화'

- 면접 진행 및 평가절차를 체계에 의해 구성해 놓았다.

세 번째 '표준화'

- 평가 타당도 제고를 위한 평가 매트릭스가 구성되어 있다.

네 번째 '신뢰성'

- 면접위원 간의 신뢰도 확보를 위한 사전교육 등이 있다.

❗ 블라인드 채용의 면접 종류

- 경험면접 : 선발하고자 하는 직무능력이 필요한 과거의 경험 질문
- 발표면접 : 특정 주제와 관련된 지원자의 발표와 질의/응답을 통해 지원자의 역량을 평가
- 상황면접 : 특정 상황을 제시하고 지원자의 행동을 관찰하고 평가함으로써 실제 상황의 행동을 예상하여 평가
- 토론면접 : 제시한 토의 과제에 대한 의견 수렴 과정에서 지원자의 역량은 물론 상호작용 능력을 평가

- NCS 블라인드채용과 관련하여 더욱 자세한 내용은 관련 홈페이지에서 세부 내용을 참고하시길 권한다.
- 공공기관과 사기업의 면접이 직무 중심의 면접으로 블라인드 채용 면접을 60% 이상 도입하고 있는 만큼 NCS 홈페이지를 통해 자세히 살펴보시길 바란다.

1. 서류평가의 이해

서류평가는 지원자의 기본역량을 보는 것이라 할 수 있다.

공공부문의 경우 커뮤니케이션은 문서로 시작하여 문서로 끝난다고 해도 과언이 아니다. 이는 외국계 기업이나 사기업인 경우에도 마찬가지일 것이다. 금융공기업의 경우에는 특히 독해력이 중요하다. 우리는 서류를 볼 때 보고 싶은 것만 볼 것이 아니라 꼼꼼히 잘 보아야 한다. 이는 채용 공고를 파악하는 데서부터 시작이라고 할 것이다. 이 때문에 채용 서류를 작성할 때 원시 데이터를 토대로 나름대로 정리해 둔 파일을 보면서 꼼꼼하고 정확하게 인터넷 입사 지원을 해야 할 것이다. 평가위원의 경우 공기업은 하루 100~ 200명의 서류를 볼 때가 많다. 그렇기 때문에 지원자는 자신의 핵심역량을 두괄식으로 논리정연하게 작성하되 직무에 있어 핵심이 되는 키워드를 잘 살려 자기소개서를 작성하는 것이 매우 중요하다. 입사지원서는 이력서와 자기소개서로 구성된다. 신입사원으로 지원할지라도 경력이 있을 경우 직무기술서나 경력기술서도 따로 준비해 두는 것이 좋다.

이력서는 정량적 평가요소이다. 이 때문에 지원자가 회사에서 가이드라인으로 제시하는 기본요건(학점, 영어성적, 경력, 자격증 등)에 제동이 걸리면 자기소개서는 바로 폐기될 수 있다는 점에 유의하자.

자기소개서의 경우 공백 포함 4~ 5개의 항목이 평균적으로 주어지는데 각 문항당 800자~ 1,500자를 요구하고 있다. 이 책에서는 자기소개서에 공통으로 등장하는 문항 5개 정도를 뽑아 작성 방법을 제시해 보았다.

　자기소개서의 경험 역량을 살펴보면 학생회 활동 등 학교생활에서의 경험이 가장 많은 듯하다. 거의 10명 중 5명은 그렇다 하겠다. 학교생활의 경험 활동도 필요하지만 가능하면 대외활동 또는 지원 직무와 연관성이 있는 '사회활동'을 중심으로 단순한 아르바이트 경험이라도 녹여 나가자. 이는 '지원 직무와 역량'과의 관계에서 과거 사회활동 경험을 토대로 미래의 성장 가능성을 보기 때문이다.

　회사에서는 가능하면 사회생활을 통해 갈등이나 문제상황을 통해 많이 깨져 보거나 멘탈이 나가 본 사람, 즉 이러한 과정을 통해 스트레스 내성이 강해진 사람을 선호한다. 지원자는 이러한 어려운 상황에서도 직무 성과를 잘 낼 수 있는 사람임을 적절하게 기술해야 한다. 직무 역량이라는 것은 과거의 경험을 통해 '가능성'을 포함하는 개념이기 때문이다.

　인사관리에서는 지식 역량을 '시험'으로 측정한다고 볼 수 있다. 기술은 실기 즉, 경험역량으로 측정한다. 태도역량은 면접으로서 검증한다고 보면 이해하기 쉬울 것이다. 00공사의 경우 정규직 100명을 채용하는 데 있어 10,000~ 25,000명이 지원을 한다. 이렇게 많은 지원자는 서류평가에서 AI로 필터링 될 수 있음을 알아두자.

　자기소개서 작성 시에는 지원 동기의 구체성, 지원 직무를 위해 지금까지 어떠한 준비를 했고, 입사 후에는 어떻게 적용해 나가겠다는 의지가 중요하다. 이러한 부분들이 서류에 잘 나타나 있으면 만점을 받을 수 있을 것이다. 또한 Chat GPT를 활용한 자기소개서 작성에 있어서도 구체성이 결여되어 있는 부분이 많으므로 세심한 편집과 스토리텔링이 필요하다 할 것이다.

또한 자기소개서상의 내용이 일반적이지는 않은지 객관적으로 본인의 자기소개서를 볼 수 있어야 한다. 회사가 제시한 분량에서 글자 수 부족, 오타에도 유의하여야 한다. 블라인드 채용의 경우에는 위배 사항이 없는지 확인, 재확인하여야 한다. 지원자는 여유 있는 자기소개서 작성으로 취업·진로 전문가의 1회 이상 첨삭을 받아 자기소개서의 완성도를 높이기 바란다.

최근에는 취업에 성공한 사람들 또는 고역량자들 사이에 철저하고 효율적인 시간 관리와 자기관리로 두 마리 이상 토끼를 잡는 경우도 많이 본다. 학점, 자격증, 토익 점수를 일정 기간에 결과물이 나올 수 있도록 집중화 시키기 바란다. 이를 위해서는 목표달성을 위한 단위 기간별 중, 장기 전략과 월 단위, 시간대별 구체적인 타임테이블이 필요로 할 것이다.

회사는 늘 준비된 인력을 뽑는다. 자신의 실수에 관대하지 말아야 할 것이다.

< 자기소개서 작성시 유의할 사항 >

- 회사에 대한 지나친 약속('이바지 한다' 등)
- 자신의 이력에 대한 과장된 표현
- 과거 경험역량에서 지나친 집중화
- 불필요한 영어, 사자성어 나열
- 경청 역량, 리더십, 성실함을 자주 흔하게 인용
- 맞춤법 오류와 구어체 사용
- 질문 문항과 상관없는 답변(지원 동기에 입사 후 포부 등장)
- Chat GPT를 이용한 완벽한 문장력으로 추상적 구사

　일반적으로 도움이 되는 내용은 그 회사의 주요 사업과 나의 전공, 지금까지 준비해 온 지원 직무에 대한 일들을 각 항목별 두괄식 문장으로 직무에 맞춰 일관성있게 기술한다. 문장에 있어서는 계속되는 단어 반복을 피하고, 중언부언하지 않는다. 또한 불필요한 형용사나 미사어구를 빼고 논리적으로 풀어내면 되겠다. (STAR 기법 글쓰기 참고)

　※ STAR 기법은 자신의 주장에 구체적인 근거로 기술하는 글쓰기 방법이니 상황과 과제, 본인의 행동과 결과 중심으로 잘 풀어내면 된다.

2. 이력서 작성

1) 이력서 작성의 이해

이력서는 매우 중요하다. 일반적으로 어떠한가? 이력서를 받아 든 서류평가자는 보통의 경우라면 위에서 아래로 좌측에서 우측으로 보는 것이 일반적일 것이다. 그러므로 우리는 이력서 맨 윗부분에 해당하는 사진이나 인적 사항에 대해 매우 공을 들여서 작성할 필요가 있겠다. 또한 사진은 스튜디오에서 정장 착용 후 밝고 정돈된 느낌으로 촬영된 사진을 첨부하여야 하며 인적 사항에 대해서도 매우 정확히 작성하여야만 한다.

(1) 이력서의 틀

기업은 대부분 자사 양식이 있기 때문에 서류 접수 기간에 인터넷상에서 입력하면 된다. 이력서는 지원자의 정량적 스펙을 나타내는 것으로 본인 나름대로 정리해 놓은 원시데이터를 보고 입력하게 된다(기억에 의존하지 말 것).

특히 지원서 작성 시 자격과 기관 등을 불러오게 되는 데 반드시 정확하게 명기된 원시 자료를 보면서 입력하지 않으면 최종 제출 후 수정이 불가능한 경우와 맞닥트리게 된다. 공문서 작성에 익숙하지 않은 지원자들은 특별히 조심해야 할 부분이다.

특히 학부 성적 부분에서 석차나 백분율을 요구할 수 있다. 계약직, 인턴 경력증명에서 퇴사 사유나 급여를 물어볼 수도 있다. 원시데이터에는 모조리 기본사항을 적어놓고 선별적으로 지원 기업에 맞추어 입력해야 할 것이다.

요즘은 대부분 기업의 채용시스템이 잘 개발 되어있다. 간혹 그렇지 않은 기업이 있다 하더라도 지원자는 회사가 공지한 대로 모든 절차를 잘 숙지하여야 한다.

자칫 지원자가 임의로 판단하는 일은 금물이다. 기업이 공지한 대로 지시 사항을 반드시 준수해야만 한다. 잡코리아나 사람인 등에 업로드 되어 있는 이력서는 수시 업데이트해야 한다.

(2) 회사양식제공 또는 자유 양식 이력서 작성법

회사에서 양식을 제공하는 경우에는 문서의 형식을 '깨지 않고' 기재하는 것이 좋다. 왜냐하면 회사기준에서 그들이 원하는 페이지가 있을 수도 있기 때문이다.

지원자에 따라 경력 사항이 많아 5줄을 적고자 하는데 서식이 3줄일 경우에는 지원 직무에 있어 가장 대표되는 사항 3줄만 기재하면 된다. 그럼에도 행을 추가하고 싶을 경우에는 추가 되는 행의 삽입 여부를 인사담당자에게 물어볼 것을 권한다.

또한 글자 수가 제시된 경우 90% 이상 적도록 하며 100%를 넘겨서는 안 된다.

❗ 항목별 이력서 작성 Tip

- 한국기업의 이력서 자유 양식의 경우 반드시 아래 한글로 작성한다.
- 외국계 기업은 반드시 MS-Word로 작성한다.
- 문서 작성에 있어 반드시 글자 크기, 정렬, 글자 형태, 부호 등을 표준화한다.
- 이력서는 문서작성능력(사무행정능력)에서 평가될 수 있음을 명심한다.
- 문서는 반드시 한눈에 들어오도록 전체 틀을 생각하며 작성한다.
- 기재사항은 반드시 연, 월, 일을 확인하고 공적인 언어로 사용한다.
- 입사지원서는 지원자가 임의로 판단해서는 안 된다. 한 칸 한 칸 정성껏, 신중하게 작성한다.
- 이력서는 80% 이상 채울 수 있도록 정량적 스펙을 달성하도록 노력한다.

2) 이력서 양식(샘플)

이 력 서

사진	지원부문		희망 근무지역	
	성 명		성별	
	생년월일	년 월 일 (나이 세)		
	주 소			
	현재 거주지		핸드폰번호	
	E-mail		출퇴근 방법	대중교통
	희망연봉	회사내규에 의함	입사가능일	2주이내

	졸업년월일	학교명	전공	소재지	학점(백분율)	석차
학력사항	. . .	고등학교 졸업				
	. . .	전문대(편입)				/
	. . .	대학교			/4.5	/
	. . .	복수전공			/4.5	/
		대학교 교환학생( ) 어학연수( )				

	취득년월일	명칭 및 등급(레벨 또는 점수)	발급기관	비고
자격증어학면허				
기타 사용 가능 S/W (SPSS, CAD, 엑셀, 포토샵 등)				

	취득년월일	기관명	비고
공모전수상			

	근무기간(년,월)	회사명	주요 직무내용	월급여	퇴직 사유
인턴아르바이트	예)24.03~25.01				계약기간 만료
	~				개인사정
	~				
	~				
취미		특기		병력	필 ( ) 공익 ( )

3. 자기소개서 작성

1) 자기소개서 작성의 이해

(1) 자기소개서 작성 기준

지원자의 핵심역량을 자기소개서에 어필할 때는 지식(K), 기술(S), 태도(A)로 미리 분석해 놓아야 한다. 자기소개서는 직무에 요구되는 역량을 중심으로 일관성 있게 어필하는 것이 중요하다. 그 이전에 지원자는 해당 기업에 대한 기업분석이 되어있어야 하는데 사기업의 경우 성장 가능성, 경영 실적과 이슈 등을 분석해 놓아야 하고 지원 직무를 위해 준비한 것과 무엇을 이룰 것인지 자기소개서 전체문항을 보고 지원 직무와 맞추어 작성해 나가야 한다.

- 지원동기와 목표, 직업 선택 기준에 대한 연계 기술
- 시장과 함께 성장할 수 있는 인력으로서 역량 기술
- 공동의 목표 달성을 위한 노력, 경험 사항 구체적 기술
- 본인의 가치관에 따라 행동한 경험 기술
- 지원 직무와 관련한 직업교육, 양성 교육, 경험 사항 상세 기술
- 지식(K)과 관련전공 학습, 자격증, 직업교육, 스터디, 어학, 자격증 기술
- 기술(S)과 관련인턴, 현장실습, 공모전, 아르바이트, 프로젝트 기술
- 태도(A) 역량과 관련 분석력, 기획력, 협상력, 소통 능력, 협업 능력, 대외 활동력 기술

✅ 평가의 주안점과 평가 기준 Tip

자기소개서의 주안점은 내용의 적절성, 행동의 적정성, 형식의 완결성을 본다.

평가기준은 지원동기에 있어 회사에 대한 이해, 지원 직무에 대한 이해가 있는데 직무역량과 관련하여서는 지원자의 학습수준, 자기개발수준, 성과 등을 평가하며 지원회사에 대한 핵심 가치에 대한 이해를 필요로 한다. 가령 혁신, 도약이 핵심 가치인 회사인 경우 혁신적 접근 사례와 문제해결을 위한 노력과 성과 달성을 보게 될 것이다. 사람과 개방에 대한 핵심 가치가 있다면 협업과 갈등관리, 조율한 경험 등이 좋은 사례로 평가될 것이다.

✅ 블라인드채용에서의 AI평가에 대한 활용 예시(심사제외)

- 표절률: 문항 간 표절 70% 이상, 전체 50% 이상일 때 서류평가에서 제외
- 불성실 기재 : 회사명 오기, 비속어 등은 평가위원 권한에서 불합격 의견이 있을 경우 서류심사 제외
- 블라인드 위배 : 해당 항목만 최저등급 또는 전체 불합격 처리

✅ 블라인드채용에서의 일반적인 공통기준 예시

- 사무기술직의 경우 정량적 평가에서 어학, 자격사항, 자기소개서 비중이 높다.
- 연구직에서는 어학과 정성적 평가, 전공적합도, 연구실적, 논문 우수성, 기타 성과 비중이 높다.
- 기술직에서는 자격사항과 자기소개서 부분의 경험, 경력역량에 대한 배점이 높다.

✅ 블라인드채용의 사무직, 기술직 자기소개서의 적합/부적합 판단 기준 예시

- 의미 없는 문자 나열 : 가. 나. 다. 등, 비속어 기재 등
- 부적격 판단 : 자기소개서 문항당 글자 수 30% 미만(띄어쓰기 포함)
- 문항 간 유사성 : 50% 이상

✅ 최근 자기소개서 문항 기출 예시

- 조건과 성향이 전혀 다른 사람과 일을 수행했던 경험 또는 상대방을 설득하기 위한 본인만의 소통방식을 구체적인 사례를 들어 기술하라.
- 지난 3년간 가장 해결하기 어려웠던 문제를 포기하지 않고 해결했던 사례를 기술하라.
- 00 직무를 수행하는 데 필요한 역량이 무엇인지 기술하라.
- 구성원으로서 갖춰야 할 태도와 그 이유는 무엇인지 기술하라.

✅ 국내 사기업의 자기소개서 전략

자기소개서 작성을 할 때는 문장력보다 기업과 관련한 다양한 정보력으로 자기소개서를 작성해야 한다. 지원기업과 관련한 산업 트렌드와 지원 직무와 관련된 이슈를 선정하는 것도 좋다. 차별화된 자기소개서는 평가자 관점으로 이해하고 작성하여야 하며 지원자가 학습한 내용을 중심으로 써 내려가도록 한다. 자기소개서를 보면 대부분 기본역량은 가지고 있다. 그러므로 개인의 능력을 지원기업의 업무성과와 연결하는 쪽으로 써내려 가야 한다.

대기업의 경우 인재상은 거의 비슷한데 상향평준화 된 스펙으로서 지원자 자신이 무엇이 부족하며 모르고 있었는지에 대한 학습과 연구가 필요하다.

따라서 4차 산업혁명과 관련한 움직임을 체크하고 기업별 향후 사업 진행 방향을 점검하고 지원자의 생각을 가지는 연습이 필요한 것이다. 또한 경제신문과 경제 뉴스를 참고하여 공통의 관심사를 살펴보고 산업, 기업, 직무라는 관점에서 지원자의 핵심역량을 풀어나가는 것이 가장 적절한 방법이다.

이를 본인만의 시각으로 살펴보고 이에 대한 근거를 제시하면 더욱 좋다.

마지막으로 회사 발전에 기여할 수 있는 부분을 중심으로 내용을 완성해 나가면 가장 좋을 것이다.

⊘ 외국계 기업의 자기소개서 전략

외국계 기업 중 일본어 이력서의 경우 회사가 지원자에 대해 궁금해하는 내용이 중심이 된다. 따라서 회사나 직무에 따라 다양한 질문에 답하는 식으로 자기소개서를 구성한다. 질문에 대한 답변은 자기 PR이나 대학 생활과 관련하여 다양한 활동내용, 지원동기와 입사 후 포부, 직업관이나 성격의 장단점 등에 관한 내용으로 작성하면 된다.

영어 자기소개서의 경우에는 Cover Letter의 경우 비즈니스 레터 형식으로 특정 직무의 관심과 지금까지 지원자가 준비해 온 역량들을 구체적 예시를 통해 어필하면 좋다. Resume의 경우에는 가장 최근의 경험부터 직무와 관련한 경험과 성과물을 제시하며 지금까지 쌓아온 학업적 지식과 배경으로 제시하면 좋다.

2) 성장과정과 성격의 장·단점

(1) 성장과정

지원 직무나 산업에 대한 열정과 지원자만의 직무적성이 잘 나타나면 좋다. 우선 지원자의 흥미와 적성, 전공과 경험(경력)에서 나만의 차별화된 역량을 도출해 보자. 직무를 선택하면서 성장과정에서 영향을 준 사람이나 사건, 말, 교육, 학습 등이 이에 해당한다. 지원자가 전공을 선택하기까지의 성장 과정을 지원 직무와 연결해 작성해도 좋을 것이다. 또한 과거 자신만의 습관이나 성향, 가훈이나 가치관, 과거 경험에 있어 터닝포인트가 되었던 순간을 떠올려 보자. 그리하여 지원 직무에 이르게 된 일반적이지 않은 나만의 '계기', 의사결정 시 나만의 기준이 있으면 좋을 것이다.

성장과정은 지원자의 인생 스토리 가운데서 지원 직무와 연결고리를 도출해 내는 것이 중요하다. 과거 경험에서 열정적으로 도전하여 집중했던 일, 창의적으로 시도했던 일을 찾자. 글로벌역량을 어필하기 위해서는 해외여행이나 연수를 통해 외국인과의 에피소드를 예로 들어 보자. 상대방에게 배려하는 자세, 낯선 환경에서의 적응력, 정직함을 어필하기 위해 손해 본 경험이나 지난 코로나 시국에서 자격증 취득이나 온라인 직업교육 이수 등을 통해 갑작스러운 환경변화에 대한 적응 사례도 좋은 예가 될 것이다.

(2) 성격의 장·단점

지원 직무와 관련하여 지원자의 강점과 보완점을 중심으로 작성하면 된다. 조직에서 적합한 인재로서 비즈니스 환경에 잘 적응할 수 있는 성격의 보유자면 되는 것이다. 이런 부분을 잘 견디고 극복할 수 있다는 것을 어필하면 된다. 지원자에 대한 시행착오나 극복 사례를 진솔하게 써보자.

3) 지원동기

지원동기의 핵심은 회사 입장, 평가자 입장에서 작성해야만 한다. 이에 대한 연구로 산업분석, 기업분석, 자기분석을 통한 직무분석이 선행되어야 할 것이다.

지원동기는 직무지원동기와 회사지원동기로 구별하여 작성할 필요가 있다.

따라서 왜 우리 회사에 지원하게 되었는지에 대한 지원자만의 이유가 있어야 할 것이다. 또한 전공 또는 비전공자로서 희망 직무에 지원하게 된 동기를 입사 후 포부와 연결해 써내려 가야 한다. 이를 위해서는 사전정보가 필요하다. 지원 직무에 대해 요구 역량이 무엇인지 살펴보고 지금까지 노력해 온 바를 지식과 기술, 태도 역량으로 작성한다. 지원동기는 현재완료 형태로 입사 후 포부는 미래형으로 서술해 나가도록 한다. 유의할 점은 항목마다 '~ 할 것'이라는 미래형 서술어는 입사 후 포부에만 사용하도록 한다. 직무지원동기는 과거의 계기를 통해 목표(또는 직업적 소신, 가치관, 적성에 대한 발현)가 생겼고 이 직무를 통해 자기실현에 대한 나름의 생각을 진정성 있게 서술하도록 한다.

지식과 기술적인 역량에서는 앞서 언급한 지식(K), 기술(S), 역량(A)을 키워드로 지금까지 노력한 결과물을 제시하고 태도적인 역량으로서 협상력, 분석력, 협업 능력 등 지원자가 보유하고 있는 강점 역량을 어필하여야 한다.

지원동기는 가장 중요한 항목으로서 전달력, 가독성이 있도록 작성하여야 한다. 또한 문장의 길이 조절을 잘하여 같은 자기소개서라도 문장의 수준을 올려주는 글쓰기 기술을 학습해야 할 것이다. 지원자는 해당 지원직무에 있어 성과가 있는 것으로 준비하고 결과물로서 준비된 역량을 어필하도록 한다.

4) 학업 생활과 입사 후 포부

(1) 학업생활 (경력사항)

자신이 과거 수행했던 핵심역량을 2~ 3가지로 구체적으로 정리하여 기술한다.

이 역시 지원 직무와 맞춰서 작성하는 것이 중요하다. 먼저 학업, 동아리, 봉사활동, 공모전, 인턴, 해외 교환학생, 아르바이트, 워킹 홀리데이, 직업교육이나 연수, 프로젝트 등을 사례별로 정리해 둔다. 그리고 나서 지원 직무에 요구되는 역량 중에서 우선시되는 역량을 선정하면 된다.

가령 해외 영업이면 여러 역량 중에서도 커뮤니케이션 능력, 외국어 능력이 우선시될 것이다. 여기에 창의력이나 분석력은 후순위로 밀려난다.

비즈니스 환경에서는 우선시 되는 직무 역량을 체크하여야 한다. 지원자의 역량 어필에는 '목표 달성 능력'이 가장 좋은 예시가 되겠다. 목표를 달성하기 위해서는 큰 그림이 있어야 하고 이러한 과정에서 문제가 발생하기 마련이기에 이에 따른 문제 해결 능력이나 실행력, 의사소통 능력, 분석 능력은 자동으로 요구되기 때문이다. 이에 따라 지원자는 자신이 제시하는 역량에 있어 구체적인 사례를 2~ 3가지로 정리하여 기술한다.

(2) 입사 후 포부

입사 후 포부는 회사의 지원동기와 연결하여 작성하도록 한다. 지원자의 준비된 역량으로 입사 후 회사에 어떤 기여를 할 수 있을지에 대한 기술이 필요하다. 또한 입사 후 3년 후, 10년 후에는 어떤 모습을 성장해 나갈 것인지에 대한 포부, 자기 계발 계획 등을 작성한다.

5) 자기소개서 양식(샘플)

자기소개서(자유양식)

· 지원분야 :

· 성   명 :

* 각 문항별 500~ 700자 이내 (공백 포함)

〈 주요 항목 〉

1. 성장과정

2. 지원동기

3. 학업 생활 (경력자는 학업 및 경력사항)

4. 성격의 장·단점

5. 입사 후 포부

PART Ⅲ

채용 면접 준비

◇ ◇ ◇

1. 채용면접의 이해

　채용면접은 구조화되어 있음을 지원자는 주지하여야 한다. 따라서 차분하면서도 자신감 있는 목소리로 논리적으로 답변하도록 한다. 특히 잘 모르거나 기억이 나지 않는 상황일지라도 면접관에게 생각할 시간을 요청하거나 재확인을 통해 본인의 경험 역량을 적절히 어필해야 할 것이다.

　채용면접에서 구조화된 면접의 특성은 경험, 역량면접을 통해 꼬리 질문으로 이어지는데 지원자는 이에 대한 철저한 준비로 직무내용 중심의 답변을 해야 한다.

① 일관성 : 직무역량에 초점을 맞추어 역량별로 구체적인 질문 예시를 통해 질문과 답변이 이루어진다.
② 구조화 : 면접 진행은 일정한 평가절차와 일정한 체계에 의해 구성되어 있다.
③ 표준화 : 면접 시 면접관들은 평가타당도 재고를 위해 평가 매트릭스가 구성되어 있다. 따라서 각각의 평가척도에 대해 지원자는 이해하여 평가 항목별로 채점과 평가 비중이 다름을 인지해야 할 것이다.
④ 신뢰성 : 면접 진행 시 면접관은 매뉴얼에 따른 사전교육, 면접 진행 간의 신뢰도를 보여주기 위해 충분한 교육이 되어 입실하기 때문에 지원자는 빈틈없는 자세와 태도를 점검하여 답변에 대응해야 한다.

　상황면접(SI)이나 PT면접의 경우 주어진 내용에서 질문의 방향이 있다. 따라서 지원자는 면접관의 예상 질문까지도 파악하면서 정리된 내용을 발표한다면 더욱 금상첨화일 것이다.

2. 채용면접의 준비와 유의사항

　블라인드채용의 경우에는 신분증 미지참, 지각, 블라인드 위배사항 언급 등 결정적인 실수를 하지 않도록 유의해야 한다. 차라리 면접 재킷을 잊어버리고 출발하거나 넥타이를 빠트리는 실수를 하는 편이 낫다. 면접에서는 암기한 것 같은 어색한 말투와 몸짓에 유의하도록 한다. 또한 면접 컨설팅을 받은 듯한 뻔한 사례, 뻔한 답변으로 지원자 나름의 차별화 된 태도역량을 희석시키는 일은 없도록 하자. 또한 긴장으로 인해 머릿속이 하얘지는 경우가 있는데 이러한 낭패를 보지 않기 위해서는 연습, 또 연습을 해야 할 것이다.

　최근 면접 트렌드는 장기근로와 협업, 인성과 컬처핏이 중요시되는 경향이다. 따라서 면접에서 지원자는 조직융화 능력과 성격 검사에 있어 서로 신중하게 대응해야 한다. 지원자는 면접관이 보는 관점이 특정 질문에 대한 감정상 큰 기복은 없는지 여부를 따질 경우도 있기에 지원자 입장에서는 사소한 부분까지도 유의하며 답변하도록 한다. 또한 지원자는 공적언어와 공적인상을 잘 갖춘 자세로 도전적이고 긍정적인 인상을 주는 것이 좋을 것이다.

　채용면접에서는 다수의 면접 컨설팅을 받고 잘 훈련된 지원자들이 입과한다는 것을 면접관들도 잘 알고 있다. 그러므로 신뢰성을 얻기 위해서는 진정성 있고 구체적인 답변을 할 수 있도록 꼬리 질문에 잘 대응해야 한다. 이는 경험역량면접(BEI)에서 더욱 두드러진다.

3.1분 자기소개

　1분 자기소개는 면접의 첫 출발이기도 하지만 채용프로세스 상의 마지막 단계로 지원자에게는 고도의 집중력과 인내심, 평정심이 요구될 것이다. 특히 1분 자기소개는 지원 직무를 위해 지금까지 노력해 온 바를 지원자가 유일하게 자유롭게 드러낼 수 있는 시간이다. 따라서 지원직무와 관련된 자신만의 핵심역량을 가장 잘 드러낼 수 있는 키워드를 뽑아내야 한다.

(1) 1분 자기소개 요령

☑ **직무에 대한 강점을 가장 잘 표현할 수 있는 핵심역량 키워드 2~ 3개 도출**
- 지원 직무와 관련한 지식적 역량(전공, 직업교육, 자격증, 어학 등)
- 지원 직무와 관련한 경험적 역량(인턴, 아르바이트, 공모전, 대외활동 등)

☑ **결론을 뒷받침할 구체적 사례 제시와 결과**

☑ **이러한 준비된 역량으로 지원기업에 어떻게 기여하려고 하는지 여부**

(2) 1분 자기소개 시나리오

(소개, 경험, 준비도-포부 순)

- **도입** 안녕하세요 00 직무에 지원한 A-01번입니다.

- **본론** 저는 00 직무를 수행하기 위해 000 역량(전문성, 노력)을 길러 왔습니다.
  (직무와 연관된 지식, 기술, 태도적 성과물(결과물) 현재진행 사항 포함)
  경험 1(상황-결과), 경험 2(전문성, 자격증, 지원 산업군에 대한 노력)

- **맺음말** ~ 준비 된 역량으로 00회사 00직무에 있어 전문가로서 성장하고 싶습니다.
  ~ 통해 전문성을 키워 00기업과 함께 성장, 발전하고자 합니다.
  ~ 저의 이러한 역량은 00(회사의 발전방향)에 있어 기여할 것이라생각합니다.

PART Ⅳ

채용 면접의 유형과
대응 방법

◇ ◇ ◇

1. 인성면접

　인성 면접은 조직문화 적합성 중심으로 이루어지며 개인의 태도, 조직에 대한 태도, 조직 적합성 등으로 이루어져 있다. 1차 면접의 경우 직무 적합성 위주로 보지만 2차 심층면접 또는 임원면접에서는 지원자의 인성, 업무태도를 검증하게 된다. 인성면접에서 경험역량면접(BEI) 문항이 중복적으로 나올 수 있으며 일반적으로 책임감, 소통능력 등의 문제로 다대다 면접으로 이루어진다. 보통 3~ 6인의 면접관으로 구성되어 있고 1인 5분에서 20분 정도 소요된다. 기업(기관)에 따라 면접 시간은 차이가 있다.

1) 인성 면접에 대한 주요 평가지표와 키워드를 살펴보면,

① **직원으로서의 자세** : 사회적 가치, 봉사경험, 불가피한 경우의 약속, 덕목 등
② **조직 적응력** : 설득 경험, 변화시도, 노력한 경험, 환경변화 분석과 적응 등
③ **성실성** : 프로젝트에 대한 끈기, 최선, 건강이나 기분, 주변 사람 만류 등
④ **창의성, 혁신 등 발전가능성** : 아이디어, 새로운 방안, 전문성과 역량을 위한 노력,
　　　　　　　　　　　　　　　 개선경험 등
⑤ **의사 발표의 정확성과 논리성** : 언어구사력, 종합적 논리성과 발성, 면접의 태도

> **❗ 인·적성검사 결과보고서 Tip**
>
> 인·적성검사 요인별 평가에서는 조직행동특성, 직무행동특성, 위험성격특성 등이 결과지로 나타난다. 이러한 결과는 종합평가에서 지원자의 강점(리더십, 책임감 등)과 보완점(소통, 적극성, 경직성 등)으로 나타나는 요소이기도 하다.

2) A사의 평가항목별 대표질문

✓ **직업관(직업윤리, 입사의지, 직무 수행의지, 회사에 대한 관심과 이해도)**

비윤리적 요구를 받았을 때, 직무수행 시 가장 필요한 전문성, 지원회사와 관련한 자유로운 발표, 지원자에 대한 강점과 보완점

✓ **도전정신(개인의 목표점검, 목표달성의지, 진취적인 태도)**

기획했던 경험, 뿌듯했던 경험, 어떤 일을 완수하기 위해 가능한 수단을 모두 동원했던 경험

✓ **소통과 화합(협력적 태도, 소통능력, 수평적 관계 형성)**

본인 입장을 상대방이 불쾌하지 않게 관철한 경험, 상대방에게 본인이 전달하고자 했던 것에 대해 오해 받은 경험, 이에 대한 문제 해결 과정

✓ **사회적 가치(공공의 이익과 상생 추구, 환경보호, 안전의식)**

본인 스스로 공공의 가치제고를 위해 노력한 경험, 환경보호 캠페인에 참여했던 경험, 과업 수행 중 2차 피해를 막은 경험, 일상생활에서 안전을 위해 별도의 노력을 기울였던 경험

인성면접에서는 FIT심리학인성평가도 활용된다. 이에 대한 결과지로 적격, 양호 등의 평가기준도 있으므로 참고하도록 하자.

> **❗ FIT 인성평가의 항목별 세부진단 Tip**
>
> - 정직, 겸손성 : 도덕, 청렴, 겸손, 진실성 여부 등
> - 정서성 : 심리적 안정, 자립, 담대성 등
> - 외향성 : 사회적 대담성, 표현성, 사회성 등
> - 원만성 : 온화성, 관용성, 융통성, 기타 등
> - 성실성 : 치밀성, 근면성, 완벽성, 신중성 등
> - 개방성 : 심미성, 참을성, 지적 호기심, 비관습성 등

이외에도 인성면접에서는

- 변화를 알아차리는 방법이나 인식개선
- 상사와의 소통과 동료와 협업 문제
- 사업장의 고객만족에 대한 공감 능력과 불만호소에 대한 해결 방법
- 직접적인 소통으로 문제 해결을 한 경험
- 회사에 입사하여 배울 의지와 버텨낼 의지가 있는지 등을 확인한다.

회사(기관)에 따라 인성면접에서는 인재상이 요구되는 만큼 지원회사 홈페이지를 통해 반드시 확인해 두도록 하자.

2. 상황면접(SI: Situational Interview)

상황면접은 예상치 못한 가상의 상황에서 반응하는 지원자의 응답을 통해 행동 동기와 가치를 평가하는 면접이다.

지원자는 사전 부여된 과제를 10분~ 20분 정도 검토하고 정리할 시간을 가지며 이를 면접에서 5분~ 8분 발표 후 질의응답 10분~ 20분 정도를 진행하는 시간을 가진다. 상황면접의 핵심은 분석적 사고, 창의성, 적극성이라 볼 수 있다. 면접관은 보통 3인~ 6인으로 다대다 또는 1대 다로 진행된다. 보통 면접관 1인당 5분에서 8분 정도 질의응답을 한다.

1) 분석적 사고 : 목표와 달성을 위한 본인의 역할
(합리적 사고, 조직이해, 고객지향)

- 제시된 상황에서 우선으로 달성해야 하는 목표를 파악하는 능력
- 가장 우선으로 달성해야 하는 목표는 무엇인지를 파악하는 능력
- 목표달성을 위하여 본인이 어떤 역할을 해야 하는지에 대한 분석 필요

2) 창의성 : 구체적 실행방안, 한계점, 고려해야 할 사항
(사고력, 문제해결, 실현가능성)

- 위 분석적 사고에서 제시한 목표를 달성하기 위해 어떠한 홍보를 기획할 수 있는지에 대한 아이디어
- 제시한 목표를 달성하기 위해 고려해야 하는 상황이 무엇인지
- 제시한 홍보방안의 기대효과와 한계점에 대한 생각

3) 적극성 : 준비, 목표 달성을 위한 노력(적극적 의견 개진, 탐색 노력)

- 제시한 홍보방안을 진행하기 위해 반드시 준비해야 하는 부분이 있다면 무엇인지
- 제시한 목표를 달성하기 위해 본인이 추가로 노력한 것이 있다면 무엇인지

상황면접은 기관 또는 기업마다 조금씩 차이가 있고 PT면접으로 진행을 할 수도 있다. 이 경우 '문제의 핵심, 대안, 구조화, 설득력'이 중요한 요소로 작용한다.

> 💬 **Tip 상황면접 & PT 면접 주요 평가 요소**
>
> – 전략 수립, 주제 분석, 자신만의 컨셉, 핵심 키워드
>
> – 공감대, 핵심 근거, 키워드 강조, 소통 자세
>
> – 전달력, 비주얼(시선, 손동작 자세)

3. 경험행동면접(BEI: Behavioral Event Interview)

경험행동면접(BEI)은 개인의 과거 행동을 통해 미래의 역량발현 수준을 예측하는 면접으로 이를 통해 지원자의 성격, 가치관, 태도를 파악하고 내면적 태도를 예측한다. 특히 입사지원서, 경험 상황과 활동을 사전 질의서를 토대로 직업기초능력과 직무능력을 측정하는데 주안점을 둔다. 경험행동면접(BEI)은 인성적인 측면도 함께 평가될 수가 있다.

면접과정에서 겸손함과 예의를 보면서 인간적 매력, 열정과 도전, 긍정, 성실, 협조성 등을 함께 체크한다.

✓ 질문에 대한 답변 태도로서 2W1H원칙

• **What 사건, 상황, 문제의 내용과 본질이 무엇인지 설명**

무엇이 발생하고 무엇을 해결해야 하는지에 대한 답변

• **Why 문제의 원인이나 이유분석, 특정 상황이 발생한 이유에 대한 설명**

문제해결의 중요성에 대한 설명

• **How 문제해결을 위한 방안이나 접근법 제시**

실행가능한 계획이나 구체적인 행동지침에 대한 설명

🔲 실무자 면접 답변 Tip

– 고객중심, 혁신도모, 전문성 등에 대한 지원자의 생각

– 최근 글로벌 이슈와 대내외 경제상황에 대한 이해

– 최근 지원자가 관심을 가지고 있는 이슈

– 지원자가 지금까지 노력해 온 활동

– 직무 관련 동아리, 공모전 등에 대해 2~ 3가지 역량 등

⊘ **BEI면접에서는 인성면접과 경험역량면접이 함께 이루어지기도 하는데 과거경험에 대한 질문에 구체적이고 진정성 있게 잘 답변하여야 한다.**

- 직무역량 : 고객지향, 윤리의식, 전문성, 자기계발, 상황대처능력
- 인성 : 조직적응력과 업무관리능력
- 태도역량 : 의사소통능력, 부적응성

((1) 경험역량면접에서의 질문 예시)

- 상대방의 의중을 정확히 파악하는 본인만의 노하우와 근거는? (소통능력)
- 다른 사람의 불편이나 불만을 해소하기 위해 노력했던 경험은? (대인관계)
- 하나의 문제를 여러 가지 해결 방안으로 고안하여 문제해결을 한 경험은? (문제해결능력)
- 우선순위를 정해 많은 일을 처리한 상황이나 경험은? (효율성)
- 과업을 진행하면서 본인이 책임감이 강한 편이라고 느꼈던 경험? (청렴)
- 본인의 노력으로 소속 조직 구성원들이 팀워크가 향상된 경험? (직업윤리)

이외에 논리적사고와성취지향성, 변화대응력, 창의적 혁신, 책임의식, 분석력, 설득력, 의사소통능력, 적극성 등의 평가지표로 질문이 될 수 있다.

((2) 직무역량면접에서의 영어면접)

표현력, 유창성, 자신감, 완성도에 의해 확인할 수 있다.

(3) 기타 평가지표 Tip

　직무수행능력과 직업기초능력에서는 50:50 비율로 평가되며 직업기초능력에서는 고객지향성, 효율성과 미래 지향성, 청렴의식을, 직무수행능력에서는 기업(기관)에 대한 이해도와 지원동기 및 자기개발계획 등으로 면접이 이루어진다.

　지원자는 자기소개, 지원동기, 지원 직무에 대한 전문성과 경력, 업무수행 계획까지 잘 준비해 두도록 하자. 또한 커뮤니케이션 및 태도 평가 결과지를 활용한 지원자별 강점(침착성, 집중도, 책임의식)과 보완점(긍정성, 활기참, 대인관계)등이 기초자료로 활용되므로 AI역량평가에도 반영됨에 유의하자.

(4) 역량별 추천질문 예시

- 논리적사고 : 정보탐색, 정보선별, 문제분석, 융합적 사고
- 성취지향성 : 주도성, 혁신성, 위험감수, 도전성, 진취성
- 변화대응력 : 민첩성, 피드백 추구, 정보 추구, 성찰, 상황 대응력
- 창의적 혁신 : 기존질서 파괴, 관점 전환, 새로움 수용, 새로운 추구, 창조적, 자신감
- 문제 해결력 : 공감, 문제의식, 가치발견, 개념설계, 반복적 개선
- 대인관계능력 : 인간 본질적 가치 존중, 주체성, 차이의 존중, 공감적 소통, 유대관계 형성
- 책임의식 : 윤리적 민감성, 원칙준수, 책임감

4. PT면접

논리적 전개 능력과 사고력, 표현력이 중요하다. 행동 특성으로 과제 이해, 논리적 분석, 대안 수립 등이 중요한 포인트가 된다. PT면접을 통해 전공 능력과 전문지식 등을 검증하는 절차가 진행되는데 PT가 끝난 이후 질의응답이 10~ 20분 가량 주어진다.PT 면접에서는 달성목표, 본인역할, 고려할 사항, 한계점, 준비해야 할 부분, 추가노력 등을 제시해야 하는데 이와 관련된 논리력, 분석적 사고, 창의성, 적극성을 검증한다.

(1) PT면접에서의 평가 포인트

- **논리력, 분석력** : 제시된 내용에 대한 복잡한 정보를 세분화하여 요소 간의 관계를 정리한다. 제시된 자료의 정보를 정확히 활용하여 문제상황을 고려한다.

- **기획력** : 대상과 목표를 정확히 분석하여 절차와 방법, 소요자원, 협조요청 대상 실현 방안 등에 대한 구체적인 제시가 있어야 한다. 추진 과정상의 애로사항, 제약 요건 등에 대한 검토가 필요하다.

- **발표력** : 오프닝은 간결해야 하며 아이컨택 비중을 70%로 둔다.

🗨 PT면접 Tip

자료에 나타난 문제상황, 고려 요인 등에 대한 종합적 이해를 바탕으로 해결방안을 도출하고 주어진 자료를 분석한 결과를 토대로 해결방안을 논리적으로 발표하는 것이 무엇보다 중요하다. 배경(또는 현황), 문제점(또는 리스크), 개선사항, 관련근거, 기대효과(또는 결론) 순서가 좋다.

5. 토론면접

① 지원자는 면접 입실 전 또는 입실 후 사전에 주제를 받고 이를 약 10분~20분 정도 생각을 정리하고 입실 후 주제에 관해 토론을 한다. 면접관은 일반적으로 3명~6명이 배치된다. 면접관은 시작과 함께 토론을 마칠 때까지 평가만을 하며 토론에 일절 관여하지 않는다(단, 주제를 벗어날 경우에만 개입함). 보통 토론 면접은 8명~10명이 한 조가 되어 진행된다. 면접관의 시작 지시와 함께 지원자 별 모두발언(기조발언)을 거쳐 토론이 시작된다. 이때 본 토론에 대해 반드시 결론을 낼 필요는 없다 하겠다. 다만 토론 진행 중 주제에 맞는 대안, 해결방법 도출, 타당한 논리적 전개로 구성되어야 한다.

② 토론면접의 경우 주제는 상당히 난이도가 높은 경향이다. 따라서 '잡이룸'이나 '독취사', '공준모' 등 다양한 잡카페를 통해 기출문제를 반드시 확인하고 토론 시 진행하는 토론 방식 등을 학습하고 간다면 면접에 크게 도움이 될 것이다.

③ 토론면접에서는 평가요소를 잘 판단하여야 한다. 사회자 역할이 점수에 유리하다는 정보로 사회자를 자원하고 이 역할에만 충실 했다가 평가 요소별로 발언을 하지 않을 경우 큰 낭패를 볼 수가 있다. 따라서 토론 면접에 있어 예상되는 평가요소를 잘 숙지하고 준비하도록 한다. 일반적으로 토론에서는 정보처리능력, 문제해결능력, 토론을 통한 소통능력으로 검증하게 된다. 또한 차별화된 자신만의 아이디어나 참신성도 매우 중요하다 하겠다.

> **!** 토론면접의 핵심
>
> – 정보처리능력의 경우 제시되지 않는 부분까지도 고려한 여부
>
> – 문제해결능력의 경우 토론 주제에 대한 발전 및 심화 여부
>
> – 말과 행동에서 근거를 가지고 토론하고 있는지 여부
>
> – 해결방안에 대한 논리 제시 여부

마지막으로 토론면접에서 반드시 자발적으로 5회 이상 발언을 하는 것이 좋다. 순서에 따라 발언을 할 경우 대부분 차례가 돌아오지만 면접관이 지켜 보는 가운데서 토론에 참여하는 적극적인 태도는 무엇보다 중요하다. 유의할 사항은 1회 발언 시 1~ 2분을 넘기지 않는 것이 좋다. 지나치게 발언 시간이 길거나 다른 지원자의 말을 되돌려 주는 모습만 보일 경우 좋은 성적을 기대하기 어렵다. 토론에 대한 결론 도출은 되지 않아도 충분한 토론이 되면 된다. 마무리 발언까지 타당한 논리를 전개하여야 하며 적극성으로 자신만의 참신한 의견을 개진한다면 좋은 결과가 있을 것이다.

1. 공기업 및 공무원

1) 한국원자력환경공단

2) 한국수력원자력

3) 코레일 차량직

4) 한국전자기술연구원 인턴

5) 식품의약안전처 OO정보과

6) 한국방송공사(KBS) 영상촬영

7) NH농협은행 예금

8) 경찰공무원 지구대

9) 9급 공무원 행정(군무원)

10) 9급 공무원(지방직, 서울) 환경

1) 한국원자력환경공단

(1) 기업소개

한국원자력환경공단은 준정부기관으로서 원자력발전소에서 나오는 여러가지 방사성 폐기물이나 의료기관에서 나오는 방사성 폐기물을 인수해서 안전하게 처분하고 관리하는 업무를 수행하고 있는 공공기관입니다.

(2) 직무소개

제가 지원한 직군은 방사성 폐기물 관리 직군입니다. 부서 배치는 정확하게 나간 건 아니지만 중저준위방사성 폐기물[1] 을 처분 시설에 저장할 때 안전하게 방사성 폐기물이 잘 처분되고 안전하게 운영되고 있는지를 확인하고 감시하는 업무를 담당하는 것으로 알고 있습니다.

(3) 지원동기

제 전공이 원자력 융합공학과이다 보니 원자력이라는 학문을 살려서 취업을 해보고 싶었고 원자력환경공단의 직무도 저에게 잘 맞을 것 같아서 지원하게 되었습니다.

---

1) 중저준위방사성 폐기물은 방사능 농도가 미미한 물질로, 원자력 발전소 등에서 사용된 작업복, 장갑, 부품 등이 포함됩니다.

(4) 채용 프로세스

- 채용 절차는 서류 전형, 필기, 그리고 면접 순으로 진행됩니다.

- 1차 서류 전형에서는 자격증, 어학 점수, 그리고 자기소개서를 봅니다. 원자력이나 에너지 관련된 전공을 공부하셨으면 자기소개서만 성실하게 작성한다면 서류는 문제없이 통과할 수 있습니다.

- 2차 필기시험은 3개로 나뉘는데 먼저 인·적성 검사를 봅니다. 인·적성 평가에서는 지원자가 공기업의 인재상에 부합하는지를 검사합니다. 그리고 NCS를 보는데 50문제 정도 출제됩니다. 마지막으로 전공 시험은 직무 관련 문제로 50문제 정도 출제됩니다.

(5) 면접 시 기억나는 질문

Q1. 지원 동기

Q2. 상사와 갈등이 생겼을 때 어떻게 해결할 것인지?
     실제로 그런 적이 있는지?

Q3. 원자력 발전 계통에 대해서 알고 있는 것을 말해보세요.

Q4. 한국원자력환경공단에서 다루고 있는 사업이나 앞으로의 미래 사업 또는 해당 관련 전공과 관련된 문제점이나 이슈 등을 주제로 해결 방안을 제시해 보세요.

(6) 역량개발 방법

• 어학은 저는 토익, 오픽 2개를 준비했습니다. 대부분의 공기업이 영어 스피킹 점수를 보고 필기에서 가산점이 부여됩니다. 그래서 영어 점수는 꼭 필요하다고 생각합니다.

• NCS는 '민경채'라고 하는 민간 경력자 채용 시험이 있는데 그 문제집을 풀어봤고, 기본 모듈서를 풀었습니다. NCS는 많이 푸는 게 제일 좋은 것 같습니다. 그리고 스터디도 병행했는데 도움이 많이 된 것 같습니다.

(7) 합격을 위한 팁

• 우선 기사 자격증이 필요한데 대부분의 이공계 학생이면 전공과 관련된 기사 시험이 있습니다. 취득 안 하신 분들은 해당 자격증 공부를 병행한다면 합격에 큰 무리는 없습니다.

• 토론 면접은 욕심을 내는 게 팁인 것 같습니다. 자유 토론이다 보니 발언권이 완벽하게 분할돼 있지 않아서 적극적인 자세가 굉장히 중요하다고 생각했습니다. 그래서 제가 발언을 주도하면서 도출한 해결책에 대해서도 정리했던 기억이 납니다. 이렇게 적극적인 자세가 토론 면접에서는 팁인 것 같습니다.

(8) 합격자 스팩

- 학점 : 3.7/4.5
- 어학성적 : 토익 700후반, OPIc IH 등급
- 자격증 : RI면허[2], 원자력 기사
- 대내외 실습 경험 : 원자력산업회의 인턴 3개월
- 아르바이트 경험 : 택배 상하차, 의류 매장, 장난감 매장

(9) 취업준비생에게 힘이 될 수 있는 한마디

　지금 돌이켜 생각해 보면 자신감이 중요하다고 생각합니다. 자신감이 없어지는 순간 자신을 믿지 못하고 진전이 안 되더라고요. 그래서 남들과 비교하지 말고 자신을 믿고 도전하면 될 거라는 마인드를 계속 상기시켰던 것 같습니다. 경쟁률이 몇 대 1이든 결국에는 그 1이 본인이 되면 되잖아요. 그래서 너무 걱정하지 말고 후회 없이 노력한다면 각자가 원하는 회사에 충분히 들어갈 수 있을 것입니다.

---

2) RI 면허(자격증)는 방사성동위원소 취급자 일반면허를 의미하며, 방사선 관련 업무를 수행하기 위해 필요한 법정자격증입니다.

2) 한국수력원자력

(1) 기업소개, 직무소개, 채용 프로세스

- 한국수력원자력이라는 회사는 공기업으로서 에너지 발전 관련 기업에서는 선두기업입니다.

- 지원한 직무는 원자력 발전소에 관한 직무 중 원자력분야를 지원해서 합격했습니다.

- 필기 서류는 원자력 직군이 학과가 별로 없는 관계로 무조건 통과한다고 보셔도 되고 필기에서는 3배수를 뽑는데 커트라인은 학과마다 다르겠지만 커트라인이 낮은 편은 아닙니다.

(2) 취업 가이드라인

- NCS는 네이버 카페를 통해서 정보를 얻었습니다. 그리고 저는 먼저 해커스 기본서를 2회 풀었습니다. 그리고 모듈형 기본서를 따로 사서 2회독하고 피셋형(PSAT-공직적격성평가)으로 넘어갔습니다.

- 대외활동 경험은 많을수록 좋다고 생각합니다. 대외활동 수상은 뚜렷한 성과가 있으면 좋다고 생각하지만 활동을 하면서도 자기소개서를 잘 쓰면 면접 때 좋게 봐주시더라고요.

- 전공을 하면서 인턴 활동을 하는 것도 되게 많이 도움이 됐다고 생각합니다. 인턴 활동과 학부 연구생을 4학년 때 병행했다 보니 전공에 대한 전문성이 어느 정도 잘 준비되지 않았나 싶습니다.

(3) 직무역량 개발

• 신입생 때 교수님이 저희 진로에 대해서 말씀하셨는데 그때 얘기하셨던 공기업 중에 한국수력원자력이 있어서 공기업을 중점으로 취업해야겠다는 생각을 많이 했습니다.

• 1, 2학년 때는 학과 공부 열심히 하고 친구들과의 소통 능력을 넓히려고 노력했습니다. 학생회 활동도 했었고요. 3학년 때 복학하고 나서 공부하다 보니까 이제 취업 준비에 대해 결심을 하게 되어 그때부터 열심히 취업 준비를 했습니다.

(4) 합격을 위한 팁

• 에너지공학과라고 해서 무조건 원자력 직군을 지원할 수 있는 것은 아닙니다. 만약 원자력 직군을 지원한다고 하시면 전공 공부를 성실히 하시고, 기사나 RI 자격증 등을 딴 후에 지원하시면 좋겠습니다.

• 토의 면접의 경우 제시된 주제에 대해 조금이라도 생각나는 것이 있다면 말하는 게 좋습니다. 토의 면접이 같은 방향을 향해서 가는 면접이다 보니 하나의 의견만 표출해도 참가자들이 대부분 경청해 줍니다. 따라서 조금이라도 관련 지식이나 상식이 있다면 말하는 것이 가장 중요하다고 생각합니다.

(5) 면접 시 기억 나는 질문

Q1. 본인은 배려하는 사람이라고 생각하는지

Q2. 어떤 위기나 어떤 슬럼프가 있었는지, 그것을 어떻게 해결했는지

Q3. 친구들과 갈등이 있던 사례가 있는지

Q4. 한국수력원자력의 이슈, 방향성

(6) 합격자 스펙

• 학점 : 3.79/4.5

• 어학성적 : 토익스피킹AL

• 자격증 : RI자격증, 원자력기사 자격증, 전기기사, 사무자동화산업기사

• 대내외 실습 경험 : 한국OOO연구원 인턴십(2개월),

　　　　　　　　　2021 융합연구 활성화 아이디어 공모전 수상

• 아르바이트 경험 : 서비스업(서빙, 카페)

• 직업교육 : OO대학교 학부연구생

3) 코레일 차량직

(1) 기업소개

제가 재직 중인 코레일은 일반열차나 고속열차를 통해 여객 운송, 화물 등을 운송하는 공기업입니다. 그리고 철도차량의 설비 유지보수, 남북철도, 대륙철도 구상도 함께 진행하고 있습니다.

(2) 직무소개

- 차량직 : 차량직은 열차 기본검수 등을 담당합니다. 기본검수란 열차 운행에 필수적인 주행장치, 제동장치, 자체 설비 등을 검수하는 일을 말합니다.

(3) 지원동기

코레일은 차량직을 선발할 때 학과의 제한이 없었습니다. 그래서 새로운 도전을 해보겠다는 생각도 있었습니다. 그리고 차량직이 철도의 메인 업무라고 생각해서 차량을 유지, 보수하고 새로운 차량을 개발하고 연구하는 것이 저의 특성에 맞는다고 생각해서 지원하게 되었습니다.

(4) 취업 가이드라인

코레일은 공기업 중에서도 블라인드 채용을 엄격하게 지키는 편입니다. 그래서 업무와 관련된 직무경력, 교육 사항을 위주로 평가하는데요 면접을 볼 때도 이러한 자기소개서를 중심으로 질문하고 평가합니다.

그리고 직군을 정하는 것이 선행되어야 합니다. 사무직의 경우 사무직을 채용하는 기업들의 리스트를 작성하고 그 기업들이 요구하는 자격요건(전공, 자격증 등)을 갖추는 것이 중요합니다. 그리고 자격증 공부를 할 때 기간을 정해놓고 그 기간 안에 취득하는 것이 도움이 됩니다.

(5) 취업을 위해 추천하는 사이트나 도서

NCS의 경우 기본서와 봉투 모의고사. 기본서는 시중에 유명한 기본서들을 구매하면 되고 봉투 모의고사는 박문각, 위포트, 에듀윌, 고시넷을 추천합니다. 그리고 NCS 말고도 PSAT, 9급 공채 시험 등도 풀어보기를 권장합니다. NCS보다 어려운 문제들을 풀어야 실전에서 어려운 문제가 나왔을 때 당황하지 않기 때문입니다. 사이트의 경우 네이버의 공준모, 언어논리.kr, 자비로움(면접)을 추천합니다.

(6) 직무역량 개발

- 1학년 때부터 동아리 활동, 봉사활동을 통해 다른 사람과 어울리려 노력했습니다. 2학년 때에는 사진동아리 총무를 맡으며 조직이 어떻게 운영되는지 나의 역할과 동아리 운영에 최선을 다했습니다.

- 인·적성의 경우 시중의 모의고사를 풀었으나 점수가 잘 오르지 않아 스터디를 모집했습니다. 스터디에서는 문제 풀이보다는 문제 접근방식에 대해 많이 논의했습니다.

- 면접 때에는 저는 전기 쪽이 아닌 비전공자였기 때문에 직무와 관련된 것으로 어필을 할 수는 없다고 생각했습니다. 대신 업무를 함에서의 태도, 강점 등을 어필했습니다. 예를 들어 저는 적극적이고 끈기 있는, 솔직한 모습을 어필하려고 했습니다. 면접에 가서도 제가 어필했던 태도적인 모습을 최대한 보이려 노력했습니다.

(7) 면접 시 기억 나는 질문

Q. 상사가 부당한 지시를 내렸을 때 어떻게 할 것인가?

A. 해당 지시가 불법적이거나 회사 내규에 어긋나는 지시인 경우 따르지 않을 것입니다. 하지만 그 외의 경우 상사의 지시를 따르되, 그 이후 해당 상사에게 지시에 대한 질문과 함께 부당함에 대한 의구심을 표하고 상사의 답변을 들을 것 같습니다.

(8) 합격자 스펙

- 학점 : 3.14/4.5
- 자격증 : 컴퓨터활용능력 1급, 한국사능력검정시험 1급
- 직업교육 : 한국중부발전 체험형 인턴 2개월

(9) 취업준비생에게 힘이 될 수 있는 한마디

저는 취업 준비를 하면서 방황을 많이 했었습니다. 하지만 그 과정에서 학교 프로그램이나 강의프로그램, 취업센터 상담을 통해 도움을 많이 받았습니다. 특히 강사님들이나 선배들에게 취업에 관한 가이드라인을 얻고 배움으로써 역량이 많이 늘었던 것 같습니다.

그리고 무엇보다 마음가짐이 가장 중요한 것 같습니다. 취업준비생의 특성상 불안할 수밖에 없지만 일단 계획을 세우고 한발짝 나아간다면 다른 사람보다 더 좋은 역량을 갖출 수 있다는 자신감을 가지고 임하시기를 바랍니다.

4) 한국전자기술연구원 인턴

(1) 기업소개

한국전자기술연구원은 전자·IT산업의 기술개발과 중소·중견기업의 기술혁신을 지원하는 연구기관입니다. 전자·IT산업의 선도 기술개발과 중소·중견기업의 기술혁신을 지원하여 전자산업의 글로벌 경쟁력을 강화하고, 기업의 성장 플랫폼 역할을 수행합니다.

(2) 역량개발 방법

일단 수업에서 배웠던 것들도 전공 수업에서도 비슷한 게 있었고 연구실에서도 했던 경험들을 살려 자기소개서에 썼습니다. 또한 학교에서 취업 프로그램도 함께 진행했었습니다.

면접에서 학점에 관해서 좋은 점수가 나왔다는 언급과 함께 면접을 진행했기 때문에 학점은 챙기는 게 좋다고 생각합니다.

자격증은 오픽 IH를 취득했는데 그것만으로 통과했습니다. 그리고 다른 대외 활동 및 봉사활동도 하였는데 취업에 있어서는 큰 영향을 준 것 같진 않습니다. 그래서 원하는 전공 관련 준비와 직무 정의가 중요하지 않을까 싶었습니다.

(3) 합격자 스펙

- 학점 : 4.0~ 4.5/4.5
- 어학성적 : OPIc IH
- 봉사활동 : 있음

(4) 면접에서 기억나는 질문

Q. 대학원에 대해서 어떻게 생각하는지?

(5) 취업준비 때 마인드컨트롤 방법

서류 불합격 등을 봤을 때 많이 힘들었습니다. 그런 상황에서 현업에 나간 친구들에게 응원을 많이 받았고 항상 해줬던 이야기가 하다 보면 언젠가 되기 때문에 계속 하면 된다고 이야기해 줬습니다.

(6) 취업준비생에게 힘이 될 수 있는 한마디

취업 준비할 때는 어려울 수 있지만 한 군데 붙기 시작하면 계속 붙을 수 있다는 자신감을 갖고 하시면 좋을 것 같습니다.

5) 식품의약안전처 OO정보과

(1) 기업소개 및 직무소개

식품의약품안전처 OO정보과에 근무 중인 제약공학과 졸업생입니다.

(2) 취업(관련 분야)을 고민중인 후배들에게 도움되는 말이 있다면?

☑ 적극적으로 시도하고 부딪쳐 보자

본인이 하고 싶은 것이 무엇인지 모르겠다는 학생들이 많은 것 같습니다. 그러나 본인이 좋아하고 하고 싶은 것을 찾기 위해서는 개방적 마인드(open mind)를 가지고 여러 가지 경험을 해보는 것이 큰 도움이 되는 것 같습니다. 어떤 시도나 경험없이는 아무것도 알 수 없습니다. 본인이 전혀 관심이 없었는데 막상 이러한 일을 해보니 적응을 나름 잘하고 역량이 어느 정도 있다는 생각이 들면 그러한 일을 할 때 보람을 느낄 때가 있는 것 같습니다. 그러나 반대로 관심이 있었는데 그 분야를 업무적으로 해나갈 때 적응하지 못할 수도 있습니다.

단순하게 해당 분야로 가고 싶다고 생각해서 아무 경험 없이 간다면 본인의 생각과는 매우 다른 상황에 직면할 수 있습니다. 이러한 경우 업무에 적응하지 못해 힘들어할 수 있기에 많은 경험이 필요합니다. 전공을 살리고자 하였을 때, 전공 자체를 살리는 것도 좋지만 전공을 활용하여 진출할 수 있는 분야와 전공과 유사한 점이 있는 분야도 고려해 보는 것이 좋을 것 같습니다.

☑ 나만의 이야기를 만들어가라

한편 본인의 전공이 한 분야를 세부적으로 파고 들어가는 것이 아니라, 전체적인 학문에 해당하는 경우 경험을 많이 하는 것이 매우 중요합니다. 그러면서 본인만의 스토리를 만들고 이러한 전공이 해당 분야에 적용될 것 같으면 시도해 보는 것입니다. 사회는 정체성이 어느 정도 있으면서 본인만의 스토리가 있는 사람을 원합니다. 예를 들어, 자기소개서를 작성할 때 본인의 전공 및 관심 분야의 특징 중 하나를 살려서 이러한 경험을 해보았고 그 경험이 곧 해당 업무와 밀접한 관련성이 있다고 생각이 되어 지원하게 되었다는 식으로요.

☑ 자기 계발을 소홀히 하지 말 것

또한, 대학교 4년 동안 자기 계발을 꾸준히 해보는 것도 좋습니다. 본인이 스트레스받지 않고 어려움을 느끼지 못하면서 할 수 있는 자기 계발 및 여러 습관을 지속해서 해보십시오. 저는 하루에 또는 이틀에 1번은 시간 상관없이 도서관 열람실에 갔던 것이 저의 인생에 큰 도움이 되었던 것 같습니다. 열심히 생활하는 학생의 삶을 가장 쉽게 느낄 수 있는 곳이 바로 도서관이라고 생각합니다.

☑ 나의 미래에 대한 고민을 많이 해보자

코로나와 AI 등으로 의도치 않은 시대의 격변기에 접어들었는데 이때 여러 매체 및 도서 등을 통해 본인의 전공과 경험 그리고 여러 정체성을 고려하여 좋아하는 것이나 잘할 수 있는 것이 무엇일지 하는 고민을 많이 해보세요. 그리고 고민할 때는 현실적인 방향과 이상적인 방향을 접목하는 것이 매우 중요합니다. 어떤 세상이 올 것인지를 생각하고 현재 우리가 무엇을 할 수 있는지를 생각하여 미래를 준비하는 것입니다. 세상에 최적화되어 있는 것 중 할 수 있는 일을 하는 것이 정말 중요합니다. 결국 우리가 꿈을 이루고 목표를 이루는 것은 현실 속에서 이루게 됩니다.

☑ 맺는말

지금까지 살아온 것에 대하여 지나치게 후회하는 것보다 과거를 발판 삼아 앞으로는 과거로부터 어떤 것은 버리고 어떤 것을 유지할지를 생각하여 현재와 미래를 준비하세요. 그것이 멘탈관리에 있어서 매우 중요합니다.

6) 한국방송공사(KBS)영상촬영

(1) 기업소개 및 직무소개

KBS 한국방송공사는 대한민국 공영방송으로서 전 국민을 아우르는 방송을 제작하고 있습니다. 현재 제가 맡은 직무는 스튜디오 촬영이고, 불후의 명곡, 아침마당, 생생정보, 6시 내고향의 스튜디오 촬영을 담당하고 있습니다.

(2) 지원동기

1, 2학년 때부터 방송 일을 해야겠다고 계획했습니다. 그래서 3학년 때 전역 후 카메라 감독 일을 시작하면서 카메라에 익숙해지고 공부하는 시간을 가졌습니다. 그때부터 촬영으로 가야겠다고 생각한 것 같습니다.

(3) 합격 관련 팁

우리 회사의 경우 인·적성이 아닌 시사상식 시험을 봅니다. 시험 주제는 사회, 정치 등을 전반적으로 다루고 있습니다. 준비할 경우 책을 많이 읽고 여러 분야에 대한 식견을 넓히는 자세가 필요합니다.

논술의 경우 직군마다 다른데 해당 직군의 시선으로 바라보아야 답할 수 있는 문항들이 출제됩니다. 평소에 본인의 직무와 맞는 생각이나 기록 등을 자주 해놓는 것을 추천합니다. 제 공부 경험상 언론사 대비 시사상식 단어집(에듀윌)에서 많이 나오는 것 같습니다.

(4) 합격자 스펙

- 학점 : 3.45/4.5
- 어학성적 : 토익 805점
- 자격증 : 한국사능력검정시험 1급, 컴퓨터활용능력 2급

(5) 면접 시 기억나는 질문

Q1. 심리학 전공인데 해당 직무(촬영)에 지원하게 된 이유?

A1. 사람을 다루는 것이 미디어 일이다 보니 사람에 대해 알고 싶었습니다. 동물 다큐멘터리를 촬영할 때 동물의 습성을 알아야 그 순간을 담아낼 수 있듯이 사람도 그 사람의 생각이나 습성, 행동이나 패턴을 알아야 하므로 심리학을 전공했습니다.

Q1-1. 사람을 알려면 인문학이나 사회학도 있는데 굳이 왜 심리학인가?

A1-1. 심리학이 인간 마음의 근본이기 때문에 그렇다고 생각합니다.

Q2. 가장 KBS다운 프로그램은 무엇이라고 생각하는가? 왜 그렇게 생각하는지?

A2. '주문을 잊은 음식점'이라고 대답했습니다. 공영방송이다 보니 여러 세대와 계층을 아우르는 방송을 추구하므로 치매 노인들이 식당 종업원으로 도전하는 프로그램이 공영방송의 역할을 다하고 치매 노인에 대한 인식개선도 도움이 되기 때문에 그렇습니다. 보통 미디어에서는 정신질환자에 대한 부정적인 인식을 보이는데 이 프로그램을 보고 공영방송이 정신질환자의 인식 개선에 일조하는 것 같다고 생각했습니다.

7) NH농협은행 예금

(1) 기업소개

저는 단국대학교 에너지공학과 졸업생이고 NH농협에 재직하고 있습니다. 현재 은행 예금 업무를 담당하고 있습니다.

(2) 지원동기

저는 수학, 세무회계나 경제에 관심이 많아 은행에 관심을 갖게 되었습니다. 그리고 최근 은행권에서 블라인드 채용이 활성화되어 있어 원서를 지원하였고 최종 합격하였습니다.

(3) 합격을 위한 팁

면접이나 자기소개서는 나만의 캐릭터를 만드는 데 집중했던 것 같습니다. 저의 강점을 모았을 때 나오는 새로운 나를 만들어서 그것에 수용하는 연습을 했습니다. 저는 외향적이고 사람이 있어야 힘을 받는 성격임을 정확하게 알고 있기에 자기소개서 작성할 때도 컨셉, 내가 나아가야 할 방향을 기초로 작성했습니다. 결론을 작성할 때는 본인은 의사소통이 뛰어나서 사람들과 시너지를 일으킬 수 있는 사람이라는 것을 중점으로 작성했습니다.

(4) 직무역량 개발

저는 금융 관련 전공이 아니어서 관련 지식이 부족했습니다. 그래서 유튜브나 경제 신문을 보고 사설 강의도 들으면서 금융과 금리를 공부했습니다. 경제신문은 매일경제를 주로 이용했는데 종이신문, 전자신문 가리지 않고 봤습니다.

참고로 매일경제에서 주관하는 경제 자격증 시험이 있는데 저의 수준을 테스트할 수 있는 지표가 되기 때문에 해당 시험에도 응시했습니다.

기출 문제는 '농준모'에서 정보를 얻었습니다. 그리고 '독금사'라는 카페가 있는데 그 카페에서도 금융권 관련 정보를 많이 얻었습니다.

(5) 면접 시 기억나는 질문

Q. 사람들과 주도적으로 나섰던 일이 있는지?

Q. 사람들과 허물없이 지내기 위해 노력했던 점이 있는지?

주장 면접, 뽑기 면접은 특정 주제에 대해 PR을 하는 건데 금융, 경제, 도농, 상생, 농촌 경제 등을 주제로 출제되었습니다.

(6) 합격자 스펙

- 학점 : 4.01/4.5
- 어학성적 : 토익 750
- 자격증 : 컴퓨터활용능력 1급, 한국사능력검정시험 2급
- 대내외 실습 경험 : 학생회 활동

(7) 취업준비생에게 힘이 될 수 있는 한마디

저는 우선 대학 전공에 맞춰 취업하지 않아도 된다는 말씀을 드리고 싶습니다. 물론 현재의 전공이 적성에 맞으면 좋겠지만 대학 때 배운 내용이 입사했을 때와 다를 수도 있습니다. 대신 포기할 때는 그에 대한 책임도 함께 가지는 자세도 필요합니다.

그리고 본인이 잘할 수 있는 것을 찾아보는 시간이 필요합니다. 본인이 좋아하는 것과 강점이 무엇인지 찾아서 취업하는 게 취업 기간이 훨씬 더 짧아질 수 있을 확률이 높을 것 같습니다.

8) 경찰공무원 지구대

(1) 기업, 직무소개 및 채용 프로세스

제가 채용된 회사는 경찰공무원으로 대민업무, 수사, 교통 등 사회 전 분야에 걸쳐 국민들을 위해 서비스 제공 및 법 집행을 하고 있습니다.

채용 프로세스는 토익, 한국사 2급을 취득한 뒤 헌법, 형사법, 경찰학개론 필기시험으로 채용인원의 1.4배수를 뽑아 체력 테스트를 진행합니다. 체력 테스트에 합격하면 인·적성 검사 및 개인, 그룹 면접을 통해 인성 및 업무수행 가능성을 판단하여 최종 합격 인원을 결정합니다.

(2) 지원동기

초등학교 때부터 경찰공무원이 꿈이었지만 부모님의 뜻에 따라 대학을 진학하여 학과가 적성에 맞지 않았습니다. 부모님은 대학 졸업 후에 하고 싶은 것을 하라고 하였으나, 여러 번의 설득 끝에 정식으로 허락을 맡고 휴학 후 공부하여 합격하게 되었습니다.

(3) 면접 시 기억나는 질문

Q. 시각장애인에게 노란색을 설명해 보세요.

A. 그때는 면접 준비가 덜 되어있어 햇볕의 따스함이나 어린아이의 천진난만함을 대답했던 기억이 납니다. 전혀 생각지 못한 질문이라 많이 떨었던 것 같습니다.

(4) 직무역량 개발

기본적으로 경찰공무원은 자격증 점수 5점이 필요하여 이전부터 태권도 단증을 땄었으며 대형 운전면허를 취득해 모자란 자격증 점수를 채웠습니다. 필기시험에 합격한 이후에는 팔굽혀펴기, 윗몸일으키기, 100m 달리기, 1km 달리기, 악력 등을 꾸준히 연습해 왔기에 필기 및 체력 테스트, 면접에서 합격하게 되었습니다.

(5) 합격자 스펙

- 평균학점 : 2.7/4.5
- 자격증 : 태권도 4단, 운전면허(1종 대형), 토익, 한국사능력검정시험 2급
- 아르바이트 경험 : 공사장 인부 1개월, 택배 상하차 3개월, 치킨집 1년 6개월, 식당 3개월
- 직업교육 : 경찰학교 교육 6개월

(6) 해당 직무를 준비하는 취업준비생에게 한 마디

경찰공무원은 시험 준비를 열심히 한다면 누구나 들어올 수 있는 시험입니다. 하지만 막상 업무를 시작하면 경찰 직무의 특성상 평소에 절대 볼 수 없었던 것들이 일상이 됩니다. 따라서 이러한 것들을 감내할 수 있는 적성이 아니라면 할 수 없는 직업이라고 생각합니다. 진정 본인이 원하는 길이고 지나간 일을 아무렇지 않게 흘려보낼 수 있는 사람이라면 너무나도 추천하는 직업입니다.

9) 9급 공무원 행정(군무원)

(1) 직무소개

저는 현재 행정직 9급 공무원으로 근무하고 있습니다. 행정직 공무원은 국가 제도에 관한 연구 및 법령 입안 관리, 감독 등을 하는 직렬로 모든 부서에 배치되어 근무합니다. 도청, 시청, 군청, 구청, 읍·면·동 행정복지센터 등에서 근무하며 기획, 관리, 지원업무를 담당합니다.

(2) 지원동기

제가 군 복무를 주민센터에서 했는데 그때의 경험이 컸던 것 같습니다. 제가 사회복무요원 생활을 하면서, 복무기간이 끝난 이후에 내가 앞으로 가야 할 길은 이 길이구나 생각이 들더라고요.

(3) 채용 프로세스

먼저 필기시험을 치르고 필기시험에서는 1.3배수 정도 뽑습니다. 필기시험에 합격하면 면접을 통해 0.3배수에 해당하는 인원을 탈락시킵니다.

필기시험의 경우 100문항을 100분 안에 봐야 하는 시험이어서 시간에 쫓길 수밖에 없는데 그 중에서 시간이 제일 많이 드는 과목이 영어이기 때문에 영어가 제일 중요합니다.

(4) 합격을 위한 팁

공공기관 대학 인턴이라고 시청이나 동사무소에서 근무하는 건데 근무하시다 보면 본인이 공공기관에 근무하는 것이 잘 맞는지 판단할 수 있습니다. 그래서 공무원 생각이 있으신 분들은 대학생 인턴을 한번 지원해 보는 것도 괜찮을 것 같습니다. 그리고 봉사활동을 공공기관에서 한번 해보면 좋을 것 같습니다. 공무원 면접을 볼 때 아무래도 그런 경험 위주로 많이 질문하는데 저는 공공기관 봉사활동 경험이 있어서 면접할 때 수월했습니다.

(5) 면접 시 기억나는 질문

국가직은 현안 위주로 물어보는 걸로 알고 있고 저희는 공직관, 가치관, 지원 동기 위주로 많이 물어보셨어요. 근데 최근에는 진심으로 공무원을 목표로 지원한 건지, 멘탈이 튼튼한지 위주로 보시는 것 같습니다.

(6) 합격자 스펙

- 학점 : 3.5/4.5
- 어학성적 : 토익 710점

(7) 취업준비 시 마인드컨트롤 방법

저는 '어떻게든 되겠지'라는 생각을 갖는 게 중요하다고 생각합니다. 너무 하나를 가지고 계속 고민하다 보면 아무것도 하지 못하기 때문입니다. 그러니까 한동안 그거를 잊고 사는 것도 도움이 될 것 같습니다. 그렇게 잊고서 살다 보면 내가 경험하면서 알아서 그 생각이 채워지게 되거든요.

(8) 해당 직무를 위해 후배에게 해주고 싶은 말

먼저 1~ 2학년 분들은 공부만 꾸준히 하시고 대외 활동, 아르바이트나 여러 가지 경험을 많이 쌓아두는 게 제일 중요한 것 같아요. 3학년부터는 본격적으로 진로 선택을 하셔야 합니다. 진로 고민을 하실 때는 본인의 전공에만 한정해서 생각하지는 않으셨으면 좋겠습니다. 여러 가지 다른 길이 있으니까 꼭 하나에만 매몰되지는 않았으면 좋겠어요. 4학년 때는 본격적으로 전공을 정해 놓고 어디로 갈지 선택을 해야 합니다.

10) 9급 공무원(지방직, 서울) 환경

(1) 직무소개

저는 일반 환경 9급 지방직입니다. 저는 환경 개선에 대한 계획수립, 환경오염물질 분석 및 평가, 민원 업무 등을 담당하고 있습니다.

(2) 지원동기

화학과에 오게 된 이유는 일단 화학을 좋아해서 화장품 회사에 입사하고 싶었는데, 공부하면서 어려움을 많이 느꼈습니다. 그리고 대외 활동 등을 안 했기 때문에 취업하는 것은 무리라고 생각했고 공무원은 진입장벽이 취업에 비해서는 낮다 보니 지원했던 것 같습니다. 그리고 저는 안정성을 우선시하다 보니 공무원이 가장 적합하다고 생각해 지원하게 되었습니다.

(3) 채용 프로세스

먼저 필기 과목은 5과목을 봤습니다. 국어, 영어, 한국사, 화학, 환경공학개론 이렇게 총 5과목을 봤습니다. 과목당 100점 만점이고 과목별 20문항, 20분씩 총 100분을 봤습니다. 그리고 필기시험에 합격하면 인성 검사를 시행하고 면접시험을 진행합니다. 면접은 5분 스피치를 먼저 진행을 하고 20분 동안 개별면접을 봅니다.

(4) 역량개발 방법

저는 2학년 끝나고 나서 휴학하고 공부를 시작했던 것 같습니다. 우선 저는 가산점을 주는 자격증을 땄는데요. 기사나 산업기사가 가산점이 5점으로 똑같아서 대기환경 산업기사를 따게 되었습니다. 그리고 화학을 전공한 덕분에 공무원 선택과목 중 화학은 1학년 때 배운 일반화학 내용으로도 쉽게 준비할 수가 있었습니다. 그래서 저는 그 화학 공부 시간을 줄여서 다른 과목에 투자하는데 시간을 조금 더 번 것 같습니다.

(5) 합격을 위한 팁

최종 합격을 하려면 필기시험 점수가 90% 이상을 차지한다고 생각합니다. 저도 직렬을 선택할 때 응시과목에 화학 과목이 있어서 환경 직렬을 선택한 것도 큽니다. 저는 일단 환경 직렬 자체가 너무 소수 직렬이라 자료가 많이 없어서 합격자 수기를 많이 읽어봤습니다. 또 환경 직렬 같은 경우에는 전공 사이트가 있어서 거기에서 정보들을 많이 얻어갔던 것 같습니다.

공무원 시험은 이해하는 것도 중요하지만 결국 반복의 싸움입니다. 그래서 저는 문제집들을 PDF 파일로 만들어서 계속 봤던 것 같습니다. 그랬더니 암기하는 데도 많이 도움이 되었고요. 저는 일단 반복을 많이 하는 게 중요한 것 같습니다.

(6) 면접 시 기억나는 질문

Q1. 최근의 사회 현상이나 정책들에 관해서 의견을 제시해 보세요.

Q2. 서울시 정책에는 아는 게 어떤 것이 있는지, 어떤 방향으로 가야 하는지

Q3. 팀워크 등 조직 활동에 대한 경험이 있는지

A3. 아르바이트 내용이나 아니면 학교에서 진행했던 팀별 과제 수업을 대답했습니다.

Q4. 미세먼지가 심각한데 서울시의 정책 중 아는 것이 있는지? 아니면 어떤 방향으로 갔으면 좋겠는지

Q5. 매립지나 소각장은 서울에 만들 곳이 없는데 어떻게 해야 할지

(7) 합격자 스펙

- 학점 : 3.49/4.5
- 어학성적 : 토익 765점
- 자격증 : 대기환경산업기사
- 아르바이트 경험 : 빵집, 카페 아르바이트

(8) 취업준비 시 마인드컨트롤 방법

제가 필기시험 1달 전부터는 만약에 떨어진다면 1년을 더 공부해야 한다는 스트레스를 많이 받았었는데 저는 그때마다 그 1년을 더 공부하지 않겠다는 마음으로 더 열심히 했던 것 같습니다. 그래서 꾸준히 했기 때문에 합격하는 데 도움이 많이 되지 않았나 생각합니다.

(9) 취업준비생에게 힘이 될 수 있는 한마디

공무원 시험을 준비하신다면 정신적으로 아주 힘들 텐데요. 공부를 놓지 말고 끝까지 하셨으면 좋겠고 아니면 가끔은 너무 공부에만 몰두하지 말고 친구들과 만나서 쉬어가는 시간을 갖는 것도 좋을 것 같습니다. 파이팅하시고 같은 공무원으로 만났으면 좋겠습니다.

2. 사기업 인문, 상경계열

1) BOO(중소) 경영지원

2) 동원홈푸드(중견) 식자재 유통

3) 세메스(대기업) 행정사무

4) 신O엔지니어링(중견) 구매

5) OO종합사회복지관(비영리) 지역조직화팀

6) OO버드파크(중소) 사육부

7) ㈜바이오OOO(중소) 총무

8) ㈜케이씨씨글라스(대기업) 관리팀

9) ㈜이지바이오(중견) 경영지원

10) 제주항공(중견) 항공운송 사무

11) 에스엘 주식회사(중견) 자재, 서무

12) 대원강업㈜(대기업 계열사) 사무직

13) OO엔지니어링(중소) 서무

14) ㈜OO산업(중소) 건설 사무

15) ARTOOO(중소) 스토어 세일즈

16) 주식회사 OO에스에프(중소) 사무

17) OOO종합건설(중소) 건축공무

18) ㈜포커스OO(벤처기업) 영업

19) 김OO국어학원(중소) 강사

20) 대한항공(대기업) 지상직(여객운송)

21) 삼양앤씨켐(중견) 영업

22) 동원홈푸드(중견) 영업지원

23) 종근당건강(중견) 영업

24) 신한은행(대기업) 금융일반(가계대출)

25) 대상㈜(중견기업) 마케팅

26) OOO에이전시(중소) 모델

27) 와이아이케이(중견) 구매부

1) BOO(중소) 경영지원

(1) 기업소개

BOO는 베이커리 및 커피전문점 관련 기계를 수입, 유통, 판매, 시공 및 창업 컨설팅을 전문으로 하는 업체입니다. 25년 현장 시공 경험을 바탕으로 새롭게 오픈을 준비하시는 사장님들께 성공적인 창업을 도와드리고 있습니다.

(2) 직무소개

- 경영지원 : 회사 전반적인 경영지원 업무를 담당하면서 자금 이슈 파악 및 재무 업무를 수행하고 있습니다. 재무 쪽으로는 현금 흐름 및 자금관리, 장부기장³ 등이 주 업무입니다.

(3) 직무역량 개발

저는 사진 분야에 관심이 많아 인스타그램을 운영하며 부업으로 스냅촬영을 통해 돈을 벌고 있었습니다. 혼자 촬영, 홍보, 응대 등을 하다 보니 여러 분야에 경력이 쌓여 다양한 알바를 한 것 같은 효과를 낼 수 있었던 것 같습니다. 이런 경험에서 나온 내공이 서류, 면접에서 빛을 발했던 것 같습니다.

---

3) 장부기장이란 사업자가 기업에서 발생하는 모든 거래를 기록하는 것을 말합니다.

(4) 합격자 스펙

- 평균학점 : 4.1/4.5
- 어학성적 : TOEIC 825점
- 자격증 : 컴퓨터활용능력 1급, 한국사2급, MOS, 사회복지사 2급
- 대내외 실습 경험
  - 교내 : 학교 홍보대사, 단아이, 단국 독서클럽, DKU교양 서포터즈 (연구개발 및 기획운영), K-MOOC 홍보 모니터링단
  - 교외 : 사회복지사 실습(지역아동센터), 솔리언 또래상담자 훈련

- 아르바이트 경험 : 영어유치원 보조교사(4개월), 신발판매(9개월), 시험감독관 아르바이트 4회, 인형탈 아르바이트, 스냅촬영(인스타그램 운영)
- 봉사활동 : 유기견센터 청소봉사, 요양원 4회, 이주민 가방 제작
- 동아리 활동 : 사진인화(대학생연합동아리), 독서토론 운영, 학생래퍼 뮤직비디오 제작 대외활동, 카드뉴스 제작 대외활동

(5) 취업준비생에게 힘이 될 수 있는 한 마디

'인내하는 자에게 행운이 찾아온다!'

취업 준비를 하면서 무력감도 자주 찾아오고 자존감도 많이 내려가는 시기가 분명히 있을 텐데, 그럴 때마다 사소한 것 하나라도 더 해낸다면 그 시기를 이겨낼 수 있을 것입니다. 지금은 끝이 보이지 않더라도 언젠가는 합격할 것이라고 믿고 정진하시면 분명 좋은 소식 있을 거라 믿습니다.

2) 동원홈푸드(중견) 식자재 유통

(1) 기업소개

동원홈푸드는 동원그룹의 계열사로 식자재 유통, 조미사업(소스), 급식 식자재 사업, 급식운영 사업을 하는 회사입니다. 1993년 오리엔탈 캐터링(oriental catering) 창립을 시작으로 다양한 식품사업의 시너지를 통해 차별화된 종합식품회사로 성장했습니다.

(2) 직무소개

• 식자재 유통 영업 : 유통 영업 분야에서는 단체급식, 어린이집 등 다양한 경로에 안전하고 신선한 식자재를 공급하고 있습니다. 식자재는 통합구매를 통해 합리적인 가격으로 양질의 재료를 제공하고, 전국 물류 네트워크와 맞춤형 주문·배송 시스템으로 고객 만족도를 높이고 있습니다. 또한 신규 외식 업체 유치와 기존 거래처 관리 등 B2B 중심 수주 영업을 통해 신뢰를 구축하고 있습니다.

(3) 직무역량 개발

직무를 빨리 정해서 직무 관련 현장실습을 할 수 있었던 것이 차별화된 부분입니다. 기술 영업의 경우 기술적 전문성을 요구하는 직무의 특성상 공대생을 선호하는 경우가 있어 이 점을 빠르게 캐치해 지원했던 것이 차별점이었다고 생각합니다.

(4) 합격자 스펙

- 평균학점 : 3.37/4.5
- 자격증 : 한국사능력검정시험, ITQ OA master[4], 토익스피킹 IH
- 대내외 실습, 활동, 공모전 경험
  - 교내 : 단국대학교 ESG 탄소중립 아이디어 공모전 장려상
  - 교외 : 바이오 헬스케어 기기 아아디어 공모전 최우수상, 단국대학교 현장실습 2개월,
    OOOOO 코리아 바이오텍 물류팀 2년

- * 아르바이트 경험 : 관리형 독서실 4개월, 영화관 3개월, CJ 푸드빌 계절밥상 3개월,
  개인식당 6개월
- * 직업교육 : SNP 서울권 스포츠 연합동아리 활동

(5) 취업준비생에게 힘이 될 수 있는 한마디

'시작이 반이다!'

학교를 다니면서 직무에 대한 고민을 해보고 빠르게 정하면 앞으로의 길이 잘 보일 것입니다. 직무만 정하면 앞으로의 취준 방향성이 정해지니 너무 걱정하지 말고 힘내세요!

---

4) ITQ OA Master는 한국생산성본부(KPC)에서 주관하는 ITQ 자격증 중 최고 등급입니다. ITQ 시험은 MS Office 활용 능력을 평가하는 국가공인 자격증이며, OA Master는 ITQ에서 일정 기준을 충족하면 부여되는 특별 인증입니다.

3) 세메스(대기업) 행정사무

(1) 기업소개

저는 ㈜에스이에스 소속의 ㈜세메스에서 근무하고 있습니다.

세메스는 연간 3조원 규모의 반도체·디스플레이 핵심 장비를 생산하는 국내 최대 규모 업체입니다. 세메스는 고유의 독자 개발 장비와 제품 경쟁력을 바탕으로 해외시장에서의 사업영역을 확장해 가며, 과감한 설비투자 및 끊임없는 기술혁신을 통해 글로벌 장비 메이커로 도약하고 있습니다.

(2) 직무소개

- 비서 : 비서 직무는 임원 보좌 업무를 수행합니다. 임원들이 본연의 업무를 원활하게 수행할 수 있도록 조직 내·외부에서 요청하거나 필요한 업무를 행정적으로 지원하고 관리하는 업무입니다.

(3) 지원동기

저는 공공정책학과를 전공하면서 행정학을 접하게 되었는데, 행정학을 공부하며 정부와 공공기관의 역할을 연구하는 것에 흥미를 가지게 되었습니다. 그리고 정부와 공공기관뿐만이 아닌 사기업의 행정업무도 궁금하여 지원하게 되었습니다.

(4) 다른 사람과 차별화된 본인만의 전략

저는 취업을 먼저 한 뒤 야간대를 다니며 일을 병행했기 때문에 경력이 있었고, 관련 학과를 전공하면서 전문성까지 더해져 합격할 수 있었습니다.

면접 시에 밝고 당찬 모습을 보여준 것이 면접관들의 마음을 사로잡았다고 생각합니다. 항상 긍정적인 마인드와 성격으로 주변 사람들에게 선한 영향을 주는 모습이 저만의 차별화된 부분이라고 생각합니다.

(5) 합격자 스펙

- 평균학점 : 3.0/4.0
- 자격증 : ITQ 파워포인트, 엑셀, 한글
- 봉사활동 : 헌혈
- 기타 취업 준비를 위한 나만의 활동 : OA[5] 관련 학원수업 수강

(6) 취업준비생에게 힘이 될 수 있는 한마디

'자기 자신을 믿고 나아가자!'

취업 준비 기간이 길어진다고 해서 너무 지치지 않기를 바랍니다. 나 자신을 알고 나의 강점을 어필하는 것이 취업의 과정이기 때문에 조급하게 생각할 필요 없이 여유를 갖고 임하면 좋을 것 같습니다. 자기 자신을 믿고 당당하게 꿈을 펼치길 바랍니다. 늦지 않았습니다.

---

5) OA(Office Automation)란 사무자동화를 의미합니다.

4) 신O엔지니어링(중견) 구매

(1) 기업소개

신O엔지니어링은 자동차용 외판 금형 제작을 전문으로 생산하는 기업입니다. 국내 최고의 설비를 기반으로 자동차 외판 금형의 부문에서 양질의 제품을 생산합니다. 또한 R&D센터를 별도로 설치해 초정밀 가공을 위한 연구를 계속하고 있습니다.

(2) 직무소개

- 구매 : 구매 직무는 회사가 판매하는 제품을 생산하는 데 필요한 원재료와 부자재 등을 적기에 적합한 가격으로 구매하는 업무를 수행합니다. 또한 생산 부서와 지속적인 커뮤니케이션을 통해 적정 수준의 재고를 관리합니다. 원가를 절감하여 회사의 이익을 늘리고 안정적으로 제품이 생산될 수 있도록 자재를 조달해 주는 부서입니다.

(3) 직무역량 개발

기존 업무경력이 합격에 도움이 된 것 같습니다. 또한 구매 직무는 조달 자재관리, 수출입 무역 등의 다양한 역량이 필요한데 관련 자격증과 실무 교육 수강 등 꾸준한 노력으로 부족한 부분들을 채워 나갔던 것 같습니다.

(4) 합격자 스펙

- 평균학점 : 3.8/4.0
- 자격증 : 워드프로세서, 컴퓨터활용능력 2급, 전산회계운용사 2급, 회계정보관리사 2급
- 아르바이트 경험 : 사무지원 아르바이트
- 직업교육 : FTA 활용 실무교육 (한국무역협회)
- 봉사활동 : 노인복지관, 바자회, 헌혈 등
- 기타 취업 준비를 위한 나만의 활동 : 자격증 준비(국제무역사)

(5) 취업준비생에게 힘이 될 수 있는 한마디

'간절함을 이기는 것은 없다!'

회사에는 많은 부서와 직무가 있습니다. 그중에 내가 잘할 수 있는 것이 무엇인지 고민한 뒤, 해당 분야에 관해 공부하고 준비한다면 원하는 기업에 취업할 수 있을 것입니다. 신입직원에게 완벽함을 바라는 회사는 없습니다. 그렇기에 면접관도 본인이 얼마나 우리 회사에 기여할 수 있는지, 충분히 그럴만한 의지가 있는 사람인지를 볼 것이라고 생각합니다. 면접 때 그러한 간절함과 의지를 어필했으면 좋겠습니다.

5) OO종합사회복지관(비영리) 지역조직화팀

(1) 기업소개

OO종합사회복지관은 주 대상자를 아동·청소년, 노인, 장애인, 지역주민으로 하고 있으며 하위 부서로 총무팀, 사례관리팀, 서비스 제공팀, 지역 조직화팀, 가족상담지원센터를 두어 각각의 대상자별로 서비스를 제공하는 비영리 기업입니다.

(2) 직무소개

• 지역조직화팀 : 지역 조직화팀은 지역주민을 대상으로 하여 지역주민의 행복권 옹호, 지역 복지공동체 마을 조성, 지역복지 네트워크 구축, 지역주민 자립 및 자활 실현을 목적으로 하며 다양한 행사를 계획, 전개하고 있습니다. 특히 저는 세부 사업으로, 환경 관련 교육 아카데미(체험형 교육), 환경 감수성 향상 챌린지, 팝업 환경도서관 운영 등을 전담으로 맡아 지역 조직화 직무에 임하고 있습니다.

(3) 직무역량 개발

전공 공부도 중요하지만, 관련 직무 정보를 찾아보거나 인턴, 대외 활동을 하면서 본인이 가고자 하는 직무내용을 알아가는 과정이 중요하다고 생각합니다. 현장에서의 경험이 쌓이면 최종 면접 시 하고자 하는 말을 수월하게 전달할 수 있기 때문입니다.

(4) 합격자 스펙

- 평균학점 : 4.18/4.5
- 자격증 : 사회복지사 2급, 컴퓨터활용능력 1급, 사회조사분석사 2급, 한국사능력검정 2급, 토익스피킹(IH)
- 대내외 실습 경험 : 노인복지관, 정신재활시설 사회복지현장실습
- 아르바이트 경험 : OO대학교 국제처 근로장학생, 아동센터 멘토링
- 봉사활동 : 청소년일시쉼터 정기봉사(1년), 지역아동센터 프로그램 운영 정기봉사(10개월), 자원봉사센터 대학생 봉사단 리더 활동, K-water&아시아교류협회 멘토 활동(10개월)
- 동아리 활동 : 사회복지 봉사동아리 회장, 대학생봉사단 리더, 사회복지 우수프로그램 공모전 당선
- 해외체류 경험 : 교내 어학연수(필리핀) 1개월

(5) 취업준비생에게 힘이 될 수 있는 한마디

'조급하지 말고 침착하게!'

주위의 친구들이 먼저 취업한 모습을 보고 조바심을 느끼지 않았으면 좋겠습니다. 필기나 면접에 떨어진다고 하더라도 본인에게 맞는 직장, 직무가 있을 것이며 계속 도전하면 좋은 결과를 얻을 수 있다고 생각합니다. 쉽진 않은 부분이지만, '할 수 있다'는 긍정의 마인드를 유지하는 노력이 중요하다고 생각합니다. 다들 파이팅!

6) OO버드파크(중소) 사육부

(1) 기업소개

OO버드파크는 국내 최초 조류 중심의 동식물 체험교육과 생태체험이 가능한 동물원으로, 2021년 5월에 개장하였습니다. 우리 회사는 '인간과 공존할 수 있는 자연 생태계를 생각한다'는 모토를 가지고 있으며, 조류 외에도 다양한 포유동물을 전시 중입니다.

(2) 직무소개

• 동물원 사육부 : 동물원 사육사는 동물원의 동물복지를 책임지며, 환경을 청소하고 건강 문제를 보고하는 역할을 주로 합니다.

(3) 지원동기

저는 동물원 사육사 자격증 과정을 학습한 이후부터 현재 직무에 관심을 가지게 되었습니다. 자격증 공부를 통해 동물원이 동물복지를 중시하고 멸종위기종을 보호하며 번식을 통해 세대를 이어주는 시설이라는 것을 알고 그것에 매력을 느껴 해당 직무에 지원하였습니다.

(4) 면접 시 기억나는 질문

Q. 회사에 내세울 수 있는 본인의 강점은 무엇인가요?

A. 동물원 사육사 자격증 과정을 수료하며 얻은 사육사에 대한 지식 및 서울대공원에서의 봉사 경험을 통해 본 동물원에 근무하게 되었을 때 빠르게 적응할 수 있습니다.

(5) 직무역량 개발

동물원 사육사 자격증 과정을 통해 동물원의 배경과 역사, 사육사가 가져야 할 덕목 등의 이론을 습득하였습니다. 그 후 서울대공원 봉사에 참여, 그곳에서 근무하는 현직 사육사분과 함께 업무를 소화하며 관련 경험을 쌓았습니다. 또한 현직에 계시는 사육사님들을 대상으로 합격하게 된 과정에 대한 인터뷰를 진행해 저의 대략적인 취업 방향을 설립하였습니다.

(6) 합격자 스펙

- 학점 : 2.88/4.5
- 자격증 : 동물원사육사(민간)
- 아르바이트 경험 : 학원 조교 아르바이트
- 봉사활동 : 서울대공원 10회 이상

(7) 취업준비생에게 힘이 될 수 있는 한마디

'무엇이든지 차근차근!'

첫 직장을 좋은 곳으로 간다면 좋겠지만, 작은 기업을 먼저 경험해 본 후 서서히 올라가는 것도 나름대로 매력이 있다고 생각합니다. 중소기업은 상대적으로 수월하게 취업의 문을 통과할 수 있기에 작은 기업이라도 본인의 마음에 든다면 지원해 보시는 것을 추천해 드립니다.

7) ㈜바이오OOO(중소) 총무

(1) 기업소개

바이오OOO은 일반식품을 ODF[6] 및 젤리 제형으로 변환하여 생산하는 회사이며 건강기능식품도 함께 제조 중입니다. 제약회사 직원들의 풍부한 노하우로 양질의 제품을 생산하고 있습니다.

(2) 직무소개

- 총무 : 총무는 회사의 전반적인 운영을 지원하며 효율적인 업무 수행을 통해 생산성을 높이고, 업무 환경을 개선하는 데 중요한 역할을 합니다.

(3) 지원동기

저의 강점인 꼼꼼함, 문제해결 능력, 업무의 체계화를 통한 효율성 극대화, 의사소통 능력이 총무 업무에 있어 보람을 느껴 지원했습니다.

---

6) ODF는 구강용 해산 필름(구강 붕해 필름)을 의미하며, 입안에서 물 없이도 빠르게 녹아 흡수되는 얇은 필름 형태의 제품입니다.

(4) 직무역량 개발

고등학교 입학 전부터 자격증 취득을 준비했고, 입학 후에는 학업에도 소홀히 하지 않으며 좋은 성적을 유지하였습니다. 이후 취업 동아리에 들어가 취업 준비를 하였고 방학에도 취업지원실에서 모의 면접, SSAT 준비를 하며 취업을 위해 노력했습니다.

졸업 후 이직을 준비할 때는 사람인과 워크넷을 통해 취업 정보를 얻었으며, 학력 조건이 일치하지 않아도 일단 지원하였습니다. 그 결과 많은 연락을 받았으며, 이직에 성공할 수 있었습니다.

(5) 합격자 스펙

- 학점 : 3.47/4.5
- 자격증 : 2종보통운전면허
  전산회계운용사 2급
  전산회계2급(국가 공인)
  ERP회계정보관리사 2급
  ERP인사정보관리사 1급
  ITQ 한글 파워포인트/한글엑셀/아래한글 A등급
  워드프로세서 단일등급
  컴퓨터활용능력 2급

(6) 면접 시 기억나는 질문

Q. 당신의 강점은 무엇입니까?

A. 일을 진행하면서 중요한 것은 끝맺음이라고 생각합니다. 저는 꼼꼼하고 신중한 업무처리를 통해 발생할 수 있는 문제를 최소화하고 타인에게 신뢰를 줍니다. 이러한 제 성격은 맡겨진 일을 할 때 실수 없이 정확하게 처리하여 높은 성과를 이뤄낼 수 있습니다.

Q. 총무업무에 필요한 역량이 무엇이라고 생각합니까?

A. 사무 업무에 필요한 역량은 OA(Office Automation, 사무자동화)능력, 의사소통 능력, 경험이라고 생각합니다.

(7) 취업준비생에게 힘이 될 수 있는 한마디

'문을 두드리는 자에게 기회가 온다!'

제가 고등학교 시절 취업을 준비하면서 가장 많이 들었던 말이 있습니다. "서류를 100개의 기업에 넣어도 답장이 오는 회사는 반도 안 된다. 절대 포기하지 말고 끝까지 문을 두드리면 문이 열릴 것이다." 여러분도 이 말을 되새기며 꼭 취업에 성공하셨으면 좋겠습니다.

8) ㈜케이씨씨글라스(대기업) 관리팀

(1) 기업소개

KCC글라스는 KCC 계열사로 KCC에서 인적 분할하여 설립되었습니다.

사업 분야로는 건축 유리, 자동차 유리, 코팅유리, 바닥재, 홈씨씨(인테리어), PHC 파일[7] 등이 있습니다. 제가 근무하는 공장에서는 자동차용 안전유리를 제조하고 있습니다.

(2) 직무소개

- 자금 및 회계 : 자금, 전표(회계), 세무 관련 업무를 메인으로 하고 있고 법인카드, 거래처 관리 등의 부가적인 업무도 맡고 있습니다.

(3) 지원동기

특성화고에서 회계를 일찍 접하고 배우고 관련 자격증을 취득해 가면서 자금 및 회계 직무로 결정하게 되었습니다. 또 회계는 정해진 원칙에 따라 일을 처리할 수 있으며 전문성을 키울 수 있어 지원했습니다.

---

7) PHC 파일은 원심력을 이용해 만든 고강도 콘크리트 말뚝을 말합니다. 건축물의 기초를 안정화하는 데 사용되는 핵심 자재로 아파트 기초공사에 주로 사용됩니다.

(4) 면접 시 기억나는 질문

Q1. 본인이 우리 회사가 필요로 하는 성격에 부합한다고 생각하시나요?

Q2. 다른 지원자와 차별화되는 본인의 장점이 있나요?

Q3. 전 회사에서 이직을 결정하게 만든 원인이 우리 회사에서도 동일하게 일어난다면 다른 회사로 이직할 것인가요?

(5) 직무역량 개발

처음 중소기업에 취업할 때는 컴퓨터활용능력, 전산회계, 전산회계운용사 등의 회계와 전산 자격증 취득과 학업성적에만 집중했고 추가로 사회생활 경험을 위해 아르바이트를 하였습니다.

이후 현재 재직 중인 회사로 이직할 때는 2년간의 실무경험을 말씀드리며 실무에 빠르게 투입이 가능한 점을 어필하였고 이 부분을 좋게 봐주셨습니다.

자격증과 성적이 어느 정도 갖춰졌다면 다양한 경험을 쌓는 것이 취업에 더 도움이 된다고 생각합니다.

(6) 합격자 스펙

- 학점 : 4.13/4.5
- 자격증 : 전산회계운용사
    2급전산회계 1급
    컴퓨터활용능력 2급
    워드프로세서 1급
    ITQ 한글/엑셀/파워포인트
    운전면허 2종 보통
- 대내외 실습 경험 : 중소기업 2년 근무 (연구행정)
- 아르바이트 경험 : 서빙 아르바이트 5개월

(7) 취업준비생에게 힘이 될 수 있는 한마디

'취업을 향한 모든 일에 항상 좋은 결과 생기시길 바랍니다'

9) ㈜이지바이오(중견) 경영지원

(1) 기업소개

이지바이오는 건강한 먹거리를 위해 최첨단 생명공학 기반의 사료 첨가제 및 사료 솔루션을 제공합니다. 또한 30년 이상의 동물 산업 연구로 축적된 전문성과 경쟁력을 토대로 국내 및 해외 여러 국가에 진출하였으며, 향후 지속 가능한 생물자원산업의 미래에 대한 고민과 준비를 통해 글로벌 리더 기업으로 성장해 가고자 합니다.

(2) 직무소개

• 경영지원 : 경영지원 직무는 기업의 매출 및 세금계산서, 수주 업무 등 고객과의 직접적인 소통을 주 업무로 하고 있습니다. 고객의 니즈를 파악하여 보다 나은 서비스를 제공하고자 노력하며, 기업의 매출을 관리하고 있습니다.

(3) 면접 시 기억나는 질문

Q1. 또래가 아닌 나이차가 있는 팀원들과 함께 생활해야 하는데 불편하지 않을까요?

Q2. 지원한 부서의 업무 중 '계근'[8] 에 대해 들어본 적이 있나요?

---

8) 계근(計斤)은 무게를 측정하는 작업을 의미합니다. 주로 물류, 생산, 자원 관리와 관련된 분야에서 사용되며, 특정 물품이나 원자재의 중량을 정확하게 계측하는 역할을 합니다.

(4) 직무역량 개발

저는 특성화고교를 재학하며 취업에 적합한 교육과 자격증 취득을 위해 공부하였습니다. 또한 고등학교 재학 3년 동안 학급 반장을 맡으며 리더십을 키워왔고, 취업 준비를 교내 선생님들과 꾸준히 준비해 왔습니다.

취업 준비 중에는 본인에게 맞는 직무를 파악하고 준비하며, 지원할 기업 외에도 관련된 타 기업들까지 분석하였습니다. 이러한 방법은 추후 면접에서 큰 도움이 되었습니다.

(5) 합격자 스펙

- 학점 : 3.2/4.5
- 자격증 : 컴퓨터활용능력2급. 전산회계1급, ERP회계, 인사, 물류관리사
- 아르바이트 경험 : 카페, 웨딩홀, 배스킨라빈스 등
- 봉사활동 : 보육시설, 요양시설

(6) 취업준비생에게 힘이 될 수 있는 한마디

'무소의 뿔처럼 우직하게!'

본인의 적성을 찾아 그에 맞는 업무를 찾는 것이 가장 중요하다고 생각합니다. 노력하는 자에게 기적이 찾아오듯이 포기하지 않는다면 분명히 그 노력의 열매가 맺어질 것입니다. 파이팅하세요!

10) 제주항공(중견) 항공운송 사무

(1) 기업소개

제주항공은 설립 이후 고객의 합리적인 항공 여행 가격 요구에 맞춰 빠르게 확장하고 있습니다. 제주항공의 합리적 가격정책은 항공 여행의 대중화를 실현하였고 이전에 시도되지 않았던 방법으로 한국을 세계인의 관광명소로 만들었습니다. 2024년 1분기 기준 약 3천여 명의 임직원이 근무하고 있으며 김포공항과 인천공항, 제주공항을 주요 거점으로 운항하고 있습니다.

(2) 직무소개

• 항공운송 사무 : 항공 여객 운송 업무는 발권과 수속, 비정상 상황에 대한 신속 대응 및 승객 처리 등 고객에게 수준 높은 여객 서비스를 제공하고 있습니다.

(3) 지원동기

아르바이트하며 고객에게 서비스를 제공하는 것이 적성에 잘 맞는 일이라고 생각했고, 다양한 서비스 중 여행의 시작과 끝을 함께한다는 점에서 여객 운송 직무에 매력을 느껴 지원하였습니다.

(4) 합격자 스펙

- 학점 : 3.58/4.5
- 어학성적 : JLPT N1
- 자격증 : SMAT[9] 3급, 항공예약 2급
- 대내외 실습 경험 : 2021년 LG전자, 하이텔레서비스 하계산학실습 프로그램,
  기업현장 인재육성 사업, NNR Hotels International Korea(SOLALIA
  NISHITETSU HOTEL) 인턴
- 아르바이트 경험 : OO종합리조트 계절사원 (3개월)
- 직업교육 : 중소기업 청년 직무체험_항공서비스 실무 직무부트캠프 수료,
  청년친화형 기업 ESG 지원사업 Hotel Maker Project 4기
- 봉사활동 : 제 19회 서울국제무용콩쿠르 Satoshi Ishibuchi 의전

---

9) SMAT는 서비스경영자격(Service Management Ability Test)을 의미합니다. 서비스 산업의 직무 역량을 평가하는
   국가공인 민간 자격증입니다.(대한상공회의소 실시)

(5) 직무역량 개발

1~ 2학년 때는 교내활동을, 3학년 때는 교외 활동을, 그리고 4학년 때는 이력서와 자기소개서, 면접에 중점을 두고 준비했습니다.

그중에서 고용노동부의 일 경험 프로그램에 참여하여 직무 경험을 쌓는 것, 그리고 교내 취·창업센터에서 운영하는 비교과 프로그램과 상담(취·창업컨설팅)을 적극적으로 이용하는 것을 추천해 드립니다.

(6) 취업준비생에게 힘이 될 수 있는 한마디

'누구에게나 강점은 있다!'

누구에게나 시기가 있다고 생각합니다. 자신의 부족함을 걱정하며 우울해하기보다는 이것만큼은 누구에게 지지 않는 자신의 강점을 하나 찾아서 갈고 닦는다면 분명 기회는 올 것이고, 그 기회를 잡을 수 있을 것입니다.

11) 에스엘 주식회사(중견) 자재, 서무

에스엘 천안공장은 자동차 램프회사로 헤드램프, 후미등, 안개등을 제조하고 있으며, 이러한 램프는 현대, 기아, 르노, GM 등의 자동차 제작에 사용되고 있습니다. 램프 공장으로는 대구에 본점을 두어 천안, 안산 등 각지에 위치하며, 미국, 중국, 인도 등의 해외사업장이 있습니다. 이 밖에도 전자, 거울 등을 제조하는 사업장을 둔 자동차 부품 전문 회사입니다.

(2) 직무소개

• 자재 서무 : 자재 서무는 생산에 필요한 소모품을 구매하고, 자동차 램프에 필요한 부품, 원
　　　　　　재료 등의 지급 마감을 담당하는 부서입니다.

이 외에 단가 관리, 관세환급 그리고 팀의 서무 업무를 담당하고 있습니다. 해당 업무들은 물품 대금, 즉 돈과 관련한 업무로 꼼꼼함이 필요합니다.

(3) 면접 시 기억나는 질문

　Q. 회사와 집의 거리가 먼 편인데 잘 다닐 수 있습니까?

　Q. 장래 희망이 공무원인데, 사기업에 지원한 이유는 무엇입니까?

(4) 직무역량 개발

저는 고등학교 재학 당시 취업 관련 클럽활동에 참여한 적이 있었습니다. 그때 이력서와 자기소개서 작성법을 익혔고, 교내 모의 면접도 참여했던 경험이 있습니다. 실제 면접과 동일하게 면접관의 질문에 대답해야 했기에 긴장했던 기억이 있습니다. 이런 경험이 취업에 도움이 되기 때문에 교내에서 진행하는 취업 관련 강의나 대회 등을 참여한다면 취업하는 데 좋은 밑거름이 될 것으로 생각합니다.

(5) 합격자 스펙

- 학점 : 3.84/4.5
- 자격증 : 워드프로세서 2급, 전산회계 1급, 전산회계운용사 3급, 정보기기운용기능사

(6) 취준생에게 힘이 될 수 있는 한마디

'경험이 중요하다!'

취업하기 위해서는 우선 이력서와 자기소개서 작성법을 익히고, 면접 연습을 많이 하는 것이 중요하다고 생각합니다. 교내 다양한 취업 프로그램에 참여한다면 많은 도움이 될 것 같습니다. 마음을 편히 먹고 포기하지 마세요!

12) 대원강업㈜(대기업 계열사) 사무직

(1) 기업소개, 취업 프로세스

대원강업이라는 회사는 차량용 스프링, 기계 부속, 시트, 타이어체인, 합성수지제품, 철도용 스파이크[10] 제조, 도매 등을 하는 기업입니다.

대졸자 공채는 원서접수, 서류, 인적성, 1차 면접, 건강검진, 2차 면접 순으로 진행되며, 저는 기업 내 직장 신협에 입사한 것이므로 원서 접수, 1차 면접, 합격발표순으로 진행되었습니다.

(2) 지원동기

특성화고등학교를 나오면서 회계와 은행 업무에 관심이 갔고, 관련 업종에 취업하고 싶었습니다. 전 직장에서는 사무 경리만 보았지만 더 전문적인 일을 해보고 싶어 현재 회사에 지원하였습니다.

---

10) 철도용 스파이크는 철도 레일을 침목 위에 단단히 고정하는 데 사용하는 못이며, 레일이 흔들리지 않도록 고정하는 역할을 합니다.

(3) 면접 시 기억나는 질문

Q. 자기소개를 해주세요.

A. 간단한 자기소개와 더불어 저의 장점을 3가지 정도 말하였습니다. 끝으로 회사에 입사하여 잘 적응해 나갈 수 있다는 말도 덧붙였습니다.

Q. (근무 경력을 보고) 자세히 어떤 업무를 하신 건가요?

A. 일반 사무 업무인 계산서발행, 월 마감, 경비 처리, 근태관리 등의 업무를 하였습니다.

(4) 직무역량 개발

취업을 위해 먼저 관련 자격증을 찾아 취득하려 노력했습니다. 그것이 제가 이 분야에 관심이 있으며 열심히 하는 사람인 것을 보여주는 증거라고 생각했습니다. 그리고 자기소개서 작성법 공부 및 면접을 준비하였습니다. 마지막으로 관심 기업에 대해 검색하고 공부하였습니다.

(5) 합격자 스펙

- 평균학점 : 3.51/4.5
- 자격증 : 워드프로세서 단일등급, 전산회계 1급, 전산세무 2급, 컴퓨터활용능력 2급
- 아르바이트 경험 : 중소&대기업 근무경력(총 6년)
- 봉사활동 : 2023년 OO시 자원봉사박람회 행사보조 등

(6) 취업준비생에게 힘이 될 수 있는 한마디

'두려워하지 말자!'

취업준비를 하실 때는 먼저 새로운 일을 두려워하지 않고 묻고 배울 수 있는 자세가 필요합니다. 그리고 관심 직무와 기업을 정하여 관심을 가지고 공부해야 하며, 직무와 관련된 자격증을 취득하여야 합니다. 끝으로 자기소개서에 작성할 수 있는 본인의 경험(공모전, 인턴경험 등) 을 만들어야 합니다.

13) OO엔지니어링(중소) 서무

(1) 기업소개, 채용 프로세스

OO엔지니어링은 삼성전자 사업장에서 기계설비 및 소방 설비의 건설 및 유지보수 업무를 수행하고 있습니다. 제가 속한 FS 사업부는 화재로 인한 피해를 최소화하기 위해 소방 기계 및 전기 설비를 설치하고 관리합니다.

채용 프로세스는 1차 서류전형, 2차 임원 면접을 거쳐 최종 합격으로 진행됩니다.

(2) 직무, 지원동기

• 직무 : 서무 및 공무

• 지원동기 : 삼성 협력사에서 일해보고 싶다는 목표가 있었고 마침 서무, 공무 구인 공고가
있어 지원하게 되었습니다. 서무는 조직의 운영을 지원, 관리하여 효율성을 높
이고 팀워크를 강화하는 직무인데 그 점이 제 성격과 잘 맞는다고 생각했습니
다. 또한, 공무는 '공사의 꽃'이라고 불리는데 공사의 핵심적인 역할을 수행하는
중요한 직책이라고 할 수 있겠습니다.

(3) 직무역량 개발

우선 고등학교 시절부터 취업하기 위해 자격증 공부를 하였습니다. 현재도 회사에 도움이 될 만한 소방설비기사, 건설안전기사 자격증을 준비하며 전문성을 키우는 데 노력하고 있습니다.

(4) 면접 시 기억나는 질문

Q1. 상사와 불화가 생겼을 때 어떻게 대처할 것인가요?

A1. 가장 먼저 저는 상사의 의견을 최대한 경청하고 이해하려고 노력할 것입니다. 그럼에도 이해가 되지 않는다면 상사와 대화를 통해 의견 차이를 해결하고 팀원으로서 협력적인 관계를 유지할 수 있도록 할 것입니다.

Q2. 술은 잘 마시나요?

A2. 술을 잘 마시는지는 모르겠지만, 지금까지 취한 적이 없으며 자주 마시지는 않습니다. 술이 필요한 상황에서는 적당히 마시며, 업무에 영향을 미치지 않으려고 주의합니다.

(5) 합격자 스펙

- 평균학점 : 3.8/4.5
- 자격증 : 워드1급

  정보기기운용기능사

  전산회계1급

  ERP인사정보 관리사2급

  ERP회계정보관리사2급

  정보기술자격(ITQ) OA마스터
- 아르바이트 경험 : 요식업, 체험학습 도우미 등
- 봉사활동 : 단국대학교 사회봉사 시간 이수, 헌혈

(6) 해당 직무를 위해 후배들이 준비해야 하는 사항 조언

우선 컴퓨터 기본 지식이 필수적이며, 컴퓨터를 통해 기본적인 작업을 능숙하게 다룰 수 있어야 합니다. 그리고 커뮤니케이션을 통해 거래처와 직원들 간의 일정 조율을 원활하게 할 수 있어야 합니다. 마지막으로, 근태 관리가 있어서 세심한 주의와 책임감이 필요합니다. 회사 내규 준수 및 직장 질서 유지에 앞장서며, 자기 행동의 결과에 대해 앞장서서 책임져야 합니다.

14) ㈜OO산업(중소) 건설 사무

(1) 기업소개

㈜OO산업은 도장, 방수 전문건설업체로써 관공서 및 학교 위주로 공사를 진행합니다. 또한 학교 시설물 유지관리를 통해 학생들이 안전하게 학교 시설물을 이용할 수 있도록 합니다. 또한 조경 식재 작업부서를 신설하여 조경 분야로도 사업 영역을 확대해 나가고 있습니다.

(2) 직무 및 지원동기

- 직무 : 건설업

- 지원동기 : 제가 처음 취업한 분야가 건설 사무직이었습니다. 건설업은 매년 까다로워지는 법과 여러 규제로 인하여 업무가 많습니다. 하지만 그만큼 제대로 배운다면 경력을 쌓을 수 있어 이직에 유리합니다. 전문건설업은 법적 기술인이 있어야 업종 유지가 가능하므로 건설 경력을 쌓아간다면 향후 임금 상승에도 유리하기에 건설업을 선택했습니다.

(3) 직무역량 개발

건축도장기능사를 취득하여 건설업종에 기술자로 등록될 수 있도록 자격증 취득을 위해 학원과 인터넷 강의를 병행하며 공부했습니다. 직접 실습 재료를 구매해 집에서도 실기 연습을 집중적으로 하였고, 그 결과 수월하게 기능사를 취득했습니다. 그리고 건설 업종은 특성상 출장을 자주 다니므로 운전면허를 취득했습니다.

(4) 면접 시 기억나는 질문

Q1. 전 직장에서 담당했던 직무는 무엇인가요?

A1. 전 근무지에서 50개 동 이상의 건물 관련 수익과 비용을 처리하여 매월 정산하는 일을 하였습니다. 또한 공사 기성금[11] 정리 및 지출 담당을 맡아 건설 분야에서 다양한 경험을 쌓았습니다.

Q2. 자격증의 수가 많은데 그 많은 자격증을 취득한 방법이 있나요?

A2. 고등학교 재학 중에 자격증과 연관이 높은 교과목 공부를 통해 매년 3개 정도의 자격증을 취득했습니다. 학교 졸업 이후 직장생활을 하며 매년 1개 이상의 자격증을 꾸준히 취득했습니다.

---

11) 기성금은 건설공사에서 실제로 자재를 사용하여 이루어진 분량에 대해 지급하는 돈을 말합니다. 공사 진행 상황에 따라 공사비를 정산하고 지급하는 데 사용됩니다.

(5) 합격자 스펙

- 평균학점 : 3.62/4.5
- 자격증 : 건축도장기능사
  전산세무 2급
  전산회계 1급
  전산회계운용사 2급
  한국사능력검정시험 2급
  워드프로세서 1급, 컴퓨터활용능력 2급
- 아르바이트 경험 : 신세계 푸드 생산라인
- 직업교육 : 직업 전문학교 회계과정 3개월
- 봉사활동 : 청다움 봉사활동 (방문 청소년을 위한 음료 제조)
- 해외체류 경험 : 배낭여행 몽골 3회, 일본 2회, 중국 1회

(6) 해당 직무를 위해 후배들이 준비해야 하는 사항 조언

전문 건설은 필수로 일정 수의 기술자가 있어야 하므로 관련 분야에서 기능사, 기사 자격증을 미리 준비해 둔다면 큰 메리트가 됩니다.

해당 자격증을 소지한다면 3년 이상 재직 시 경력으로 인정받아 건축 중급 이상으로 승급이 가능합니다. 그러면 도급금액 100억 원 이상의 공사에 투입될 수 있어 큰 메리트를 가지게 됩니다.

15) ARTOOO(중소) 스토어 세일즈

(1) 기업소개, 채용 프로세스

ARTOOO는 남성 패션 편집숍으로 프랑스, 이탈리아, 일본 브랜드 위주로 매입하여 판매하고 있습니다.

채용 절차는 공고문을 통해 확인할 수 있으며 1차 서류, 2차 면접 순으로 진행됩니다. 업무 적합성 평가가 중요시되며 서비스 정신 및 접객에 대한 진정성이 요구됩니다.

(2) 직무, 지원동기

- 직무 : Sales Staff

- 지원동기 : 저는 패션 편집숍을 창업, 운영하는 것이 최종 목표입니다. 이를 위해 패션 산업의 프로세스 중 판매를 우선으로 배우고 싶었고 오프라인 매장에서만 가능한 고객의 직접적인 피드백과 실무를 알기 위해 시작하였습니다. 그리고 소규모 편집숍의 특성상 기획 및 유통 과정도 직·간접적으로 배울 수 있어 선택하였습니다.

(3) 직무역량 개발

우선 소규모의 온라인 쇼핑몰을 운영했고 친구와 운동복 브랜드를 운영하며 기획, 생산, 유통, 판매의 과정을 경험하려 했습니다. 또한 패션업을 하며 사진업을 독학으로 배우며 상업 촬영까지 할 수 있는 능력을 길렀습니다.

학기 중엔 '패션창업론'을 수강하였고 휴학 중에는 브랜드 운영을 직접 해보고 동대문이나 공장 업체에서 실무를 경험한 것이 큰 도움이 되었습니다.

(4) 면접시 기억나는 질문

Q1. "가장 좋아하는 브랜드가 있나요?"

A1. 폴로 랄프로렌을 가장 좋아합니다. 고전적(classic)이면서도 세련된 디자인은 시간이 지나도 변하지 않는 가치를 느끼게 합니다. 특히, 브랜드가 전하는 라이프스타일과 고급스러움을 일상적으로 구현하려는 철학이 매력적입니다.

Q2. "패션 브랜드에서 가장 중요하다고 생각하는 가치는 무엇인가요?"

A2. 저는 브랜드의 정체성과 지속 가능성을 가장 중요하게 생각합니다. 브랜드만의 고유한 철학이 고객과의 신뢰를 형성하며, 지속 가능성은 현대 패션 업계에서 필수적인 요소로 자리 잡았다고 생각합니다. 두 가치를 결합한 브랜드가 시장에서 더 오래 사랑받을 수 있다고 믿습니다.

(5) 합격자 스펙

- 학점 : 3.76/4.5
- 어학 : OPIc IM2
- 대내외 실습 경험 : 쇼핑몰, 스포츠웨어 브랜드 운영 경험
- 아르바이트 경험 : SPA브랜드 아르바이트, 아모레퍼시픽 세일즈 근무,
                  프랜차이즈 및 개인 카페 바리스타, 프리랜서 포토그래퍼 활동, 편집샵
- 직업교육 : 패션창업론(4주,하계계절)
- 봉사활동 : 사회봉사 온라인 특강, 농촌일손돕기 외 5건
- 해외체류 경험 : 일본 2회(자비), 호주 1회(자비)

(6) 해당 직무를 위해 후배들이 준비해야 하는 사항

직무 관련 경험을 쌓는 것이 가장 중요합니다. 아르바이트, 인턴십, 프로젝트 참여 등을 통해 실무에 대한 이해도를 높이고, 필요한 스킬을 미리 학습하는 것이 좋습니다. 또한, 직무와 관련된 최신 트렌드를 꾸준히 파악하며 본인의 관점을 형성하는 것이 도움이 됩니다.

16) OO에스에프(중소) 사무

(1) 기업소개, 채용 프로세스

㈜OO에스에프는 자동차 부품, 안전벨트 제조를 전문으로 하는 중소기업입니다.

채용 과정은 서류 전형, 1차 면접, 그리고 실무자와의 2차 면접으로 진행되었으며, 각 단계에서 직무 적합성과 실무 경험을 중점으로 평가받았습니다.

(2) 직무 및 지원동기

- 직무 : 사무직

- 지원동기 : 급여 계산 업무를 처음 경험해 보고, 해당 분야에서의 실무 능력을 쌓고 싶었기 때문입니다. 업무 경험이 적은 상태에서 실수를 줄이고 안정적으로 성장할 수 있는 환경을 고려하여 작은 회사를 지원하게 되었습니다. 이를 통해 전문성을 다지고, 향후 더 큰 책임을 맡을 수 있는 역량을 키워가는 것을 목표로 하고 있습니다.

(3) 직무역량 개발

급여 계산 업무에 필요한 실무 능력을 갖추기 위해 꾸준히 노력해 왔습니다. 은행에서 쌓은 4년 간의 경력을 통해 금융 데이터의 정확한 관리와 꼼꼼한 계산 습관을 길렀고, 자재 정산 업무를 하며 체계적인 정산 프로세스를 이해하게 되었습니다. 이를 바탕으로 급여 계산에서도 실수를 최소화하고 신뢰성 있는 결과를 도출하려 노력하였습니다.

(4) 면접 시 기억나는 질문

Q1. 회사와 집이 거리가 먼데 괜찮으신가요?

A1. 저는 출퇴근 거리가 멀어도 업무에 지장이 없도록 철저히 준비하고 있으며, 규칙적인 생활 습관을 유지하여 안정적인 근무를 할 수 있다고 답변했습니다.

Q2. 엑셀을 어느 정도 다룰 수 있는지 실무에서 보여줄 수 있나요?

A2. 저는 면접 시 실제 데이터를 다루며 필요한 엑셀 기능을 실무에서 어떻게 활용할지 설명하며 시연하였습니다. 이를 통해 엑셀 활용 능력을 직접 검증할 수 있었습니다.

(5) 합격자 스펙

- 평균학점 : 3.13/4.5
- 자격증 : 전산회계운용사 3급
　　　　　워드프로세서 1급
　　　　　전산회계관리사 2급
　　　　　ITQ 한글, 엑셀, 파워포인트 (A)
　　　　　자동차운전면허

- 아르바이트 경험 : 파리바게트 1개월
- 봉사활동 : OO 행복요양원(시설청소, 어르신 말벗)
　　　　　　OO시립도서관(어린이 자료실 정리)

(6) 해당 직무를 위해 후배들이 준비해야 하는 사항

급여 계산 업무를 준비하는 후배들에게는 먼저 엑셀과 같은 사무 소프트웨어에 숙달하는 것을 추천합니다. 급여 데이터는 정확성과 신속성이 요구되므로, 데이터 분석과 처리에 능숙해지기 위해 실습으로 익숙해질 필요가 있습니다. 또한, 수치를 다루는 만큼 꼼꼼한 확인 습관을 기르는 것이 중요합니다. 마지막으로, 관련 법규나 규정을 미리 공부해 두면 실무에서 큰 도움이 될 것입니다.

17) OOO종합건설(중소) 건축공무

(1) 기업소개

OOO종합건설은 조경, 건축, 토목 등 다양한 분야에서 활동하고 있는 회사입니다. 그중 조경 부문이 가장 유명하며, 다수의 학과 선배님께 적절한 회사로 추천받았습니다.

(2) 직무 및 지원동기

- 직무 : 조경
- 지원동기 : 현장에서 다양한 경험과 다양한 회사와의 협업을 통해 본인을 성장시키고 싶어서 지원하게 되었습니다.

(3) 직무역량 개발

직무역량 개발을 위해 관련 자격증인 조경 기사를 취득했고, 현장에서의 다양한 업무를 위한 운전면허, 현장에서 측량 목적 촬영용 드론 운행을 위해 드론 조종 자격증을 취득하였습니다.

(4) 합격자 스펙

- 평균학점 : 3.12/4.5
- 자격증 : 조경기사

    한국사능력검정 2급

    운전면허 2종

    보통초경량비행장치조종사 3급
- 대내외 실습 경험 : 공모전 다수 참여
- 아르바이트 경험 : 학교 재학 동안 아르바이트 다수(4년)
- 봉사활동 : 학과 동아리 농촌재능나눔 봉사

(5) 해당 직무를 위해 후배들이 준비해야 하는 사항

관련학과의 자격증(조경기사, 건축기사, 토목기사 등)은 가지고 있는 것이 이 회사뿐만 아니라 앞으로의 이직에서도 필요할 것이라고 생각합니다. 최근 건설 현장의 관리직이 인력 부족에 시달리고 있기 때문에 본인이 해당 직무로 진출할 의지와 각오가 있다면 충분히 잘 해낼 수 있을 것입니다.

18) ㈜포커스OO(벤처기업) 영업

(1) 기업소개

㈜포커스OO은 비전 프로그램 설치 회사로 현대모비스 협력 업체로서 전기자동차 배터리 부품 생산에 필요한 비전 프로그램을 셋업 하는 회사입니다.

(2) 직무 및 지원동기

- 직무 : 영업 지원
- 지원동기 : 기존에 경영지원팀과 서무업무를 하다가 계속되는 업무의 연관성으로 다른 직무로 바꾸고 싶다는 생각이 들었습니다. 추후 영업팀으로 이직하여 영업 업무를 보고 싶다는 생각에 해당 회사 영업팀 소속으로 영업 지원 업무를 맡게 되었습니다.

(3) 면접 시 기억나는 질문

Q1. 기존 직장에서 무슨 업무를 하셨나요?

A1. 회사와 팀의 백오피스 지원 업무를 맡았습니다.

Q2. 영업 지원 업무를 할 수 있으신가요?

A2. 수년간 백오피스 업무를 맡아왔기 때문에 영업 지원 역시도 동일 하게 서포트가 가능합니다.

(4) 직무역량 개발

기존에 회사를 계속 다녔기에 직장 생활에 대한 경험이 있다는 점을 인사 담당자에게 어필하였으며, 경력에 따른 직무 경험을 살릴 수 있도록 면접 자세에 임하였습니다.

(5) 합격자 스펙

• 평균학점 : 4.06/4.5

(6) 해당 직무를 위해 후배들이 준비해야 하는 사항

경영지원 및 서무는 총무, 인사 보조 업무를 담당하고 영업 지원 업무는 영업팀의 전반적인 보조 업무를 수행합니다. 각자 선호하는 것에 따라 입사 지원을 하면 될 것 같고 본인이 무엇을 하고 싶은지 깊이 생각하면 결정하는 데 어려움이 없을 거라 생각됩니다.

19) 김OO국어학원(중소) 강사

(1) 기업소개

김OO 국어학원

(2) 지원동기

현재 직장은 대학교 2학년 때 조교 아르바이트로 시작했습니다. 독서실, 과외 등 학생을 대하는 일을 하며 학원 업무가 저와 잘 맞을 것 같다고 생각했습니다. 이후 근무 기간이 늘면서 정직원으로 전환되었고 상담실장 직무를 맡았습니다. 이곳에서 근무하며 쌓인 데이터를 바탕으로 상담업무와 행정업무를 적절히 해낼 수 있을 것 같았습니다.

(3) 채용 프로세스

처음에는 경력 사항과 자기소개서를 작성해 지원서를 제출했습니다.

자기소개서에는 프리미엄 독서실에서 근무하며 쌓은 응대 능력과 사무 능력 등을 어필했습니다. 그 후 간단한 면접을 통해 조교 아르바이트에 합격했고, 약 2년간 근무 후 정직원으로 전환되었습니다.

(4) 직무역량 개발

대학 재학 기간 중 가장 도움이 된 활동은 대학생 봉사단 활동과 사회복지 현장실습입니다. ○○시 종합사회복지관 대학생 봉사단 활동을 통해 지역사회를 위한 프로그램을 기획하고 운영했는데, 이를 통해 제 약점을 보완하고 강점을 기를 수 있었습니다. 기획의 모든 단계를 팀원들과 협력하면서 추후 업무능력을 키울 수 있는 밑바탕을 만들 수 있었습니다.

(5) 합격자 스펙

- 평균학점 : 4.11/4.5
- 어학 : 토플 78
- 대내외 실습 경험 : 사회복지현장실습
- 아르바이트 경험 : 국가근로장학생, 프리미엄 독서실, 보습학원
- 봉사활동 : ○○시종합사회복지관 대학생 봉사단, 지역아동센터 학습지원
- 해외체류 경험 : 미국 교환학생(한학기)

(6) 취업준비생에게 힘이 될 수 있는 한마디

학교에서 제공하는 모의 면접 프로그램, 진로 설계, 컨설팅 등 다양하고 체계적인 프로그램이 많으니 참여하시어 자신의 강점을 찾아 좋은 곳에 취업하시길 바랍니다.

20) 대한항공(대기업) 지상직(여객운송)

(1) 기업소개, 직무소개, 채용 프로세스

　대한항공은 대한민국을 대표하는 항공사로서 다양한 국제선, 국내선 운항을 통해 다양한 고객층을 만족시키고 있는 항공사입니다.

　저의 직무는 여객 운송 분야이며 공항에서 체크인 카운터 업무를 담당하는 직무입니다.

　채용 프로세스는 서류 전형, 1차 면접, 2차 면접, 건강 검진, 최종 합격 순으로 진행되고 있습니다.

(2) 지원동기

　저는 일본학을 주전공으로 하면서 복수 전공을 사회복지로 했었습니다. 그러면서 사회복지학과 실습을 하는 과정에서 누군가를 돕는 업무를 하는 것이 저의 성향에 맞는다고 생각했습니다. 그래서 서비스직을 생각하던 중에 주전공인 언어를 살리면서 서비스까지 만족시킬 수 있는 업무가 항공사와 가장 부합한다고 생각하여 대한항공에 지원했습니다.

(3) 해당 기업 취업을 위한 팁

　토익 점수가 높지 않거나 오픽만 있는데 지원 또는 합격이 가능한지 궁금해하시는 분들이 좀 계셔서 말씀을 드리면 토익 점수는 4~500점대여도 충분히 지원할 수 있습니다. 그리고 토익 점수 없이 오픽이나 토익스피킹만 있어도 충분히 합격할 수 있습니다.

　그리고 서비스 부분에 있어서 실수를 많이 하는 부분은 고객의 의도를 제대로 파악하지 못하고 제 생각을 이야기했을 때의 오해들이 큰 것 같습니다. 그래서 상대방이 하고자 하는 말의 요지를 빠르게 파악하는 능력이 가장 중요하지 않을까 생각합니다.

(4) 면접 시 기억나는 질문

　Q. 코로나 이후로 중국 여행객의 수가 급감했습니다. 대한항공이 중국 여행객을 더 많이 유치하기 위해 어떠한 서비스를 제공하면 좋을까요?

(5) 직무역량 개발

저는 재학 당시에 취·창업지원처의 영웅 스토리와 관련 강의, 현직자분들의 멘토 특강을 자주 들었습니다. 제가 재학 당시에는 항공사에 가야겠다는 마음을 가지고 준비했던 것은 아니었기 때문에 다양하게 가능성을 열어놓고 공부했던 것 같습니다.

재학 후에 가장 중점적으로 공부했던 것은 영어였습니다. 영어를 말하는 능력이 중요한 직업이라고 생각했기 때문에 스피킹을 중심으로 공부했고, 컴퓨터활용능력 자격시험 공부나 사회복지사 자격증 취득을 위한 온라인 강의 수강 등을 했습니다.

저는 말하는 것을 좋아해서 너무 말하기에만 치중되면 안 된다는 생각을 많이 했습니다. 이런 부분을 보완하고자 제가 가장 많은 도움을 받았던 거는 팟캐스트입니다. 팟캐스트를 사용하면서 듣기, 말하기 연습, 그리고 얼마나 내 의견을 깔끔하게 정리해서 이야기할 수 있는가를 많이 연습했던 것 같습니다.

(6) 합격자 스펙

- 학점 : 4.01/4.5
- 어학성적 : OPIc IH, JLPT N2, SJPT 레벨6, JPT 700점
- 자격증 : 컴퓨터활용능력 2급

(7) 취업준비 때의 마인드컨트롤 방법

저는 봉사활동이 가장 큰 도움이 됐습니다. 힘든 상황에 부딪힌 사람들을 도우면서 느끼는 성취감, 그리고 본인이 누군가에게 도움이 되는 사람이라는 것을 많이 느꼈습니다. 코로나의 상황에 힘든 사람들을 만나면서 이제 이렇게 힘드신 분들도 계신다는 것들을 알면서 그 이후로 봉사활동의 폭을 더 넓혔던 것 같습니다.

(8) 취업준비생에게 힘이 될 수 있는 한마디

자신감은 자존감에서 바탕이 되는 것이라고 생각합니다. 그래서 자존감을 높이기 위해서는 본인에게 준비된 사람이라는 인식을 심어줘야 한다고 생각합니다. 그러기 위해서는 우선 나부터 멋진 사람이 되어야 한다는 생각을 가지고 전문적인 지식을 쌓기 위한 노력을 하다 보면 자연스럽게 자존감도 올라간다고 생각합니다.

21) 삼양앤씨켐(중견) 영업

(1) 기업소개 및 직무소개

㈜삼양앤씨켐은 반도체에 들어가는 재료를 제조하고 판매하는 회사입니다.

직무는 영업이지만 세부 파트가 정해진 건 아니고 고객사별로 정해져 있습니다. 그리고 저희는 국내 고객사뿐만 아니라 해외 고객사에 대한 해외 영업도 하고 있습니다.

(2) 지원동기

영업을 선택한 이유는 산학협력관에 계신 교수님이 제가 6개월 현장 실습하기 전에 이런 말씀을 해 주셨습니다. "회사에는 다양한 직무들이 있는데 회사에 돈을 벌어 줄 수 있는 직무를 해라." 생각해 보니 직접 회사에 돈을 벌어 주는 사람들은 영업사원이어서 해당 회사에서 영업 6개월 현장 실습을 하고 영업 직무로 선택하게 되었습니다.

(3) 해당 직무 조언

영업은 결국 사람을 만나는 직종이다 보니까 말할 때도 상대의 니즈를 파악하거나 예의 있게 말하는 방법이 필요합니다. 그리고 겸손한 마인드가 필요합니다. 고객사와 얘기할 때는 대체로 낮은 자세로 이야기하는 게 중요하다고 생각합니다. 그리고 고객사와 미팅하는 자리를 가면 가끔 안 좋은 말을 하는 사람들이 있는데 그것에 너무 일희일비하지 말고 낮은 자세로 임하는 게 중요하다고 생각합니다.

(4) 직무역량 개발

　제가 현장 실습을 총 세 번을 했는데 각각 다른 부서에서 실습했었습니다. 그곳에서 각 직무의 사람들을 경험했던 게 많이 도움이 되었던 것 같습니다. 물론 학업에 집중하다 보니 직무 경험을 하기가 조금 힘들 수도 있겠지만 가능하다면 방학 때 그런 기회를 많이 이용했으면 좋겠습니다. 인턴이 됐든 공장 아르바이트 등 다양한 직무를 경험하는 게 좋은 것 같습니다.

(5) 합격을 위한 팁

　학점은 4점대까지 요구하지 않습니다. 대신 1~ 4학년의 학점 추이가 하락 없이 올라가는 모습을 보여주는 게 중요한 것 같아요.

　그리고 자격증은 사기업에서는 크게 따지지 않습니다. 대신 영업 직무는 국내 영업만 한다 해도 해외 지사에서 컨택이 오는 경우가 있습니다. 그래서 외국어 능력의 경우 비즈니스 회화가 가능한 정도는 필요하다고 생각합니다.

　자격증은 특별하게 필요한 건 없고 컴퓨터 활용 능력 정도 있으면 좋을 것 같습니다. 아무래도 컴퓨터로 많이 작업을 하니까 엑셀, 워드, PPT 등의 작업 능력이 필요합니다.

(6) 합격자 스펙

- 학점 : 4.02/4.5
- 대내외 실습 경험 : LINC사업단 현장실습인턴 총 3회

(품질직무 4주, 생산직무 8주, 영업직무 6개월)

(7) 취업준비생에게 힘이 될 수 있는 한마디

첫째, 너무 조급해하지 않아도 됩니다. 저도 이 6개월 취업 현장 실습에 오기 전에 지원한 다른 곳에 다 떨어지고 마지막에 지원했었습니다. 계속 떨어지고 하다 보니 자존감이 낮아지고 했는데 너무 급하게 생각 안 하셨으면 좋겠습니다. 조급함을 버리고 목표를 세우세요. 예를 들어서 '나는 4학년 2학기 때 현장 실습을 하겠다' 등의 목표를 정하세요. 떨어져도 좋으니 목표를 세우고 천천히 나아가세요.

둘째, 천천히 해도 됩니다. 졸업하자마자 취업하는 경우는 드뭅니다. 그리고 제가 6개월 현장 실습 다닐 때도 주변에서 이런 얘기를 많이 했습니다. '여기에 안 있어도 된다. 1년 더 준비해서 대기업 노려봐도 된다.' 그러니 조급해 안 했으면 좋겠습니다. 이것저것 떨어지고 해서 자존감이 낮아졌으면 조금만 쉬어도 돼요.

마지막으로는 학교 활동들을 많이 이용하세요. 공모전이나 인턴 현장 실습 프로그램 등의 활동을 적극적으로 이용해서 내가 취업 준비를 했을 때 이력서에 한 줄이라도 더 적을 수 있게 활용했으면 좋겠습니다.

22) 동원홈푸드(중견) 영업지원

(1) 기업소개

동원홈푸드는 동원그룹의 계열사로 식자재 유통, 조미사업(소스), 급식 식자재 사업, 급식 운영 사업을 하는 회사입니다.

(2) 직무소개

- 영업 지원 : 저는 동원홈푸드 키즈 영업 부서에서 어린이집, 유치원 등의 영유아 시설에 식자재를 납품하는 영업을 지원하는 활동을 하고 있고, 보육 시설의 쿠킹클래스나 식생활 교육 위생 점검을 하는 업무를 맡고 있습니다.

(3) 지원동기

저는 영유아가 주 사업 대상인 공기업에서 1년간 근무하면서 어린이들을 대상으로 하는 분야의 전문가로 성장하는 목표를 갖게 되어 키즈 산업에 관심을 가지게 되었고 동원홈푸드에 지원하였습니다.

(4) 채용 프로세스

저는 경력직 채용이었기 때문에 서류, 필기, 면접 순으로 진행되었습니다. 경력 사항을 어필하는 것이 중요하다고 생각해 1년 동안의 경력 사항을 포트폴리오로 작성하였습니다.

면접은 제가 지원했던 직무가 기존에 근무했던 직무와 비슷해서 제가 경험했던 것을 토대로 말을 조리 있게 할 수 있었습니다.

(5) 합격자 스펙

- 학점 : 3.94/4.5
- 자격증 : 영양사, 위생사, 식품기사,
        컴퓨터활용능력, ITQ 자격증 (PPT, 엑셀, 한글)

(6) 합격을 위한 팁

우선 영양사, 위생사 자격증, 식품 기사 자격증은 기본으로 보유하는 것을 권장합니다. 그리고 4학년 2학기 인턴 경험을 할 수 있으면 하는 게 좋고 아니면 계약직이라도 1년 정도는 사회 경험을 하는 게 더 좋지 않을까 생각합니다.

(7) 면접 시 기억나는 질문

먼저 직무 관련 면접 질문을 꽹장히 많이 하셨습니다. 아무래도 전문성을 요구하는 직업이다 보니 그런 것 같습니다. 그다음이 회사 관련, 사내 커뮤니케이션 관련 질문이었습니다.

(8) 취업준비생에게 힘이 될 수 있는 한마디

아무래도 취업 준비를 하다 보면 자존감이 떨어지는 시기이다 보니까 주위 사람들의 영향을 많이 받았던 것 같아요. 하지만 그거에 연연하지 않고 제가 하고 싶은 일을 꿋꿋이 찾아갔던 게 좋은 선택이었다는 생각이 듭니다. 그래서 지금의 상황을 극복한다면 본인의 삶이나 커리어에 있어 중요한 전환점이었다고 생각하는 때가 찾아옵니다. 저도 이러한 시절을 버티고 극복했으니 분명 후배들도 할 수 있을 거라 생각합니다. 어딘가에서 열심히 응원하겠습니다.

23) 종근당건강(중견) 영업

(1) 기업소개, 직무소개

종근당 건강은 종근당 홀딩스 지주회사의 계열사이고, 건강기능식품, 화장품, 식품을 제조하는 회사입니다. 유명 제품으로는 락토핏, 아이 클리어, 프로 메가 등의 건강식품 등이 있습니다.

저는 식품 온라인 팀에서 영업직무를 맡고 있으며 상품 입점 매출 상승을 위한 다양한 프로모션 제안 및 상품 관리 업무를 진행하고 있습니다.

(2) 지원동기

저는 학부 시절 현재 회사에서 연구원으로 근무했었습니다. 근무 기간 제품개발과 특허등록의 성과를 달성해 최종 입사 제안을 받았습니다.

이후 졸업 시기가 되었을 때 영업 직무에도 관심이 생겨 기회가 맞아 영업 직무로 재입사하게 되었습니다. 우선 개발보다 영업 직무에서 제가 가진 성격이나 성향, 역량들을 더 많이 발휘할 수 있다고 생각해서 영업 직무를 택하게 되었습니다.

(3) 역량개발 방법

저는 1학년 때 학과 대표, 과 대표를 했었고, 2학년 때는 학점을 올리는 데 집중했습니다. 그리고 3학년 때는 창업 준비 관련된 프로젝트를 진행했었습니다. 당시 프로젝트를 진행하면서 국내 최초로 진행하는 식품 아이템을 개발했었고 그 아이템을 지금 다니고 있는 회사에서 보게 되어 오퍼가 들어왔습니다.

그 외에도 취·창업지원처에서 진행하는 재학생과 함께하는 토크 콘서트와 영웅 스토리를 통해 회사공고를 보면서 제가 가지고 있었던 역량과 제가 갈 수 있는 그리고 분야, 직무를 많이 탐색했습니다. 또한 그것이 내가 이 직무와 맞을지 판단하는 기준이 됐던 것 같습니다.

저는 취업과 관련된 정보는 취업 전문가들이 모여 있는 취·창업지원처에서 얻을 수 있다고 생각하기 때문에 저는 그러한 취업 관련 정보를 알기 위해 이를 적극적으로 활용했습니다.

(4) 취업 가이드라인

일단 경력직 채용을 우선시하기 때문에 주변에서 어떤 기업에서 왔다는 걸 많이 듣습니다. 사실 회사 입장에서는 중소기업이나 스타트업*에서 1년간이라도 근무하면서 본인이 어떤 걸 잘할 수 있는지 아는 사람들을 뽑는 것을 선호합니다. 그래서 본인이 어떤 사람인지 명확하게 밝힐 수 있는 것이 중요하다고 생각합니다.

그리고 직무와 관련된 경험을 잘 풀어내는 것이 중요하다고 생각합니다. 예를 들어 본인이 영업직무로 입사하고 싶다고 하면 본인이 기업 담당자나 다른 친구들과 대화하면서 갈등을 해결했던 경험 등을 적어놓으면 도움이 될 것 같습니다.

* 스타트업은 설립한 지 얼마 되지 않은 신생 벤처기업을 뜻하는 용어입니다. 혁신적인 기술과 아이디어를 보유하고, 고객의 문제를 해결하기 위해 새로운 제품이나 서비스를 제공하는 회사를 가리킵니다.

(5) 합격자 스펙

- 학점 : 3.5/4.5
- 어학성적 : 토익 스피킹 IH
- 자격증 : 위생사 자격증, 컴퓨터활용능력 2급, 운전면허 2종 보통
- 대내외 실습 경험 : 학과 대표 활동, 교외 창업 프로젝트 활동, SNS 서포터즈활동
  (유니브엑스포 서울, 포토카드, 카드뉴스 제작, 학회 참여)
- 아르바이트 경험 : 인턴 7개월

(6) 합격을 위한 팁

중소기업에 취업한다면 다양한 경험을 쌓을 수 있다는 장점이 있습니다. 중소기업이나 스타트업에 가게 되면 한 사람이 다양한 업무를 맡아서 합니다. 실제로 이직하는 분들도 다양한 지식을 보유하고 있습니다. 그래서 스타트업이나 중소기업에 들어가는 것이 오히려 더 빠르게 대기업이나 중견기업으로 이직할 수 있는 기회가 되지 않을까 생각합니다.

(7) 취업준비생에게 힘이 될 수 있는 한마디

우선 기업 규모에 상관없이 본인이 하고 싶은 직무 그리고 내가 하고 싶은 일에 대해서 생각을 많이 해보시는 것을 추천합니다.

그리고 본인이 어떤 걸 하고 싶은지를 찾을 때는 내가 지금까지 살아오면서 무엇을 눈에 담아오면서 살아왔는가를 많이 봤던 것 같습니다. 내가 어떤 걸 했을 때 행복했는지를 생각해 보세요. 그리고 기업에 들어가셔서 실무 역량을 쌓게 되면 그 뒤에는 기업에서 오퍼가 자주 들어오는 그런 유능한 인재로 성장할 수 있다고 생각합니다.

24) 신한은행(대기업) 금융일반(가계대출)

(1) 기업소개 및 채용 프로세스

저는 현재 신한은행 금융 일반으로 취업해서 영업부에 소속되어 있고, 지금 가계 대출 업무를 담당하고 있습니다.

취업프로세스는 서류를 먼저 접수하고 여기서 20배수를 선발합니다. 그리고 필기시험에서 10~ 7배수 정도를 다시 선발합니다. 그 인원이 1차, 2차 면접을 보고 합격을 합니다.

(2) 직무역량 개발

저는 학교 전공 수업 중에서 가장 흥미 있는 과목이 회계학이었습니다.

그래서 1, 2학년 때는 회계 공부를 병행하며 회계 지식을 쌓아갔습니다. 3학년 때부터는 이 회계 지식을 어디에 사용할 수 있을지 생각을 해봤습니다. 그러다 금융업의 기업 분석 등에 회계가 많이 쓰이는 것을 알고 금융투자학회에 들어가 1년 동안 활동했습니다.

그리고 외부 대회도 많이 나갔었습니다. 먼저 CFA[12] 리서치 챌린지 라고 재무분석 협회에서 주관하는 기업 분석대회에 출전했었습니다.

두 번째로 나왔던 대회는 한국은행 통화정책 경시대회인데 기준금리 인상 여부를 다른 학교 학생들과 토론하는 대회였습니다. 금융 투자학회에서 활동하면서 학회원들과 같이 공부해 가며 대회 출전을 준비했었습니다.

---

12) CFA는 Chartered Financial Analyst의 약자로, 공인재무분석사 또는 국제재무 분석사를 의미합니다. 금융권에서 인지도가 높고 전문성을 인정받을 수 있는 국제 공인 자격증입니다.

(3) 합격을 위한 팁

저는 저만의 스토리텔링을 하려고 노력을 많이 했던 것 같습니다. 그동 안의 경험을 종합해서 내가 대학 4년 동안 무엇을 하다가 이 회사에 지원하게 되었는지, 내가 왜 이 회사에 입사해야 하는지 등의 타당성을 만들려고 노력을 많이 했던 것 같습니다. '업계에서 이런 회사이기 때문에 오고 싶었다.'보다는 '4년 동안 나는 무엇을 했고 그렇기에 나는 이 회사에 가장 적합하다고 생각했다. 그리고 이 회사에 어떻게 기여하고 싶다'고 얘기하는 게 면접관 입장에서 좋을 것 같습니다.

(4) 면접 시 기억나는 질문

Q1. 사람들을 만날 때 어떻게 해서 사람들과 가까워지는지 얘기해 보세요.

A1. 저는 사람들과 만날 때 낯 가리지 않고 먼저 다가갑니다.

Q1-1. 답변 내용이 다소 추상적인데 그렇게 해본 경험을 상세하게 한번 얘기해 보세요.

A1-1. 축구팀 멤버를 모집할 때 친구들에게 먼저 다가가서 축구팀 팀원으로 만들었습니다.

Q2. (기업 금융 면접) 대기업과 중소기업의 차이를 아시나요?

A2. 대기업은 기업 대출을 통한 레버리지[13] 를 이용해서 자기들의 수익을 더 창출하고자 하는 것이 대기업이고 중소기업은 자기들의 운영 자금을 충당하기 위해서 레버리지를 발생시킵니다.

---

13) 레버리지(Leverage)란 기업 등이 차입금 등 타인 자본을 지렛대처럼 이용하여 자기 자본 이익률을 높이는 것을 말합니다.

(5) 합격자 스펙

- 학점 : 4.07/4.5
- 어학성적 : 토익 855
- 자격증 : OPIc IH, 신용분석사
- 대내외 실습 경험 : 금융투자동아리 활동, CFA 기업분석대회 참여,
  한국은행 통화정책 경진대회 참여

(6) 취업준비생에게 힘이 될 수 있는 한마디

취업 준비가 오래 걸릴 것 같고 힘들지 모르겠지만 막상 해보면 그리 거창하지 않습니다. 좋아하는 관심사를 깊게 파보고 관심사에 대한 결과물을 만들어내는 과정을 통해 얻는 것이 상당히 많습니다. 그러니 자기가 먼저 좋아하는 관심사를 먼저 찾고 그에 대한 활동을 조금씩 해나가면 그것도 모두 취업 준비에 포함이 되니 차근차근히 해나가면 좋은 결과가 있을 것입니다.

25) 대상㈜(중견기업) 마케팅

(1) 기업 및 직무소개

제가 지원한 회사는 대상라이프사이언스라고 대상그룹 내에서 환자식이나 건강기능식품을 취급하는 회사입니다. 제가 지원한 직무는 마케팅 직무를 지원하였고 마케팅 1팀에서 건식 제품의 신제품 기획 및 유관 부서와의 소통으로 전반적인 일을 담당하고 있습니다.

(2) 채용 프로세스

우선 저는 수시 채용으로 합격했고, 채용 프로세스는 인·적성, 면접, 신체검사 순으로 진행되었습니다. 인·적성 같은 경우 평소에 준비하고 있는 것을 추천해 드립니다.

(3) 취업 가이드라인

인·적성은 '해커스 20대 기업 인·적성'이라고 기본서가 있는데요. 이 책을 보면서 인·적성 평가에 대한 구조를 파악하고 유튜브 클립에 올라오는 문제 풀이 방식 관련 영상들을 참고하면서 준비했습니다.

(4) 합격을 위한 팁

제가 생각하기에는 공인된 자격증도 중요하지만 자기가 이쪽 분야에 관심이 있다는 것을 표현하기 위한 자격증이라면 민간 자격증이라도 다 좋다고 생각합니다.

(5) 합격자 스펙

- 학점 : 3.8/4.5
- 어학성적 : 토익 700점대 후반
- 자격증 : 위생사 자격증, 컴퓨터활용능력 1급, GAIQ[14], ACP[15]
- 대내외 실습 경험 : 학부연구생 1년 6개월, 창업경제인대회 수상

(6) 면접 시 기억나는 질문

Q1. 1분 자기소개를 해보세요.(인사를 곁들이면서)

Q2. 공대를 나왔는데 왜 마케팅 직무로 선택하셨나요?

Q3. 이 직무를 위한 어떤 노력을 하셨나요?

Q4. 이전에 어느 곳에 지원한 경험이 있으신가요?

Q4-1. 그 기업에서는 어느 전형까지 가셨나요?

A4-1. 면접까지 갔는데 면접에서 떨어졌습니다.

Q4-2. 왜 떨어졌다고 생각하시나요?

A4-2. 그때 제가 졸업하자마자 운 좋게 서류, 인·적성, 논술 전형에 합격 해서 짧은 시간 안에 면접까지 갔습니다. 그래서 직무에 대한 이해도도 부족했고 해당 직무에 대한 확신을 주지 못했다고 생각해서 떨어졌다고 생각합니다.

---

14) GAIQ는 구글 애널리틱스 기본 인증을 의미합니다. 구글 애널리틱스는 구글에서 무료로 제공하는 마케팅 플랫폼으로, 웹사이트의 접속 트래픽을 분석하여 웹사이트 운영에 도움을 줍니다.

15) ACP는 어도비에서 공인하는 국제자격으로 어도비의 소프트웨어인 포토샵, 플래쉬, 드림위버, 프리미어, 일러스트, 인디자인의 자격시험입니다.

(7) 역량개발 방법

제가 해당 직무에 대한 막연한 관심만 있고 학교 수업을 들었던 게 전부여서 직접적인 실무를 경험해 보고자 링크 사업단에서 2달 동안 실무 경험을 하였습니다.

문과 직무를 지원하기 위해서는 영어 성적이 제일 중요하다고 판단하여 1학년 때부터 토익을 준비하였고 식품공학과 전공생으로서 식품 관련 전문성을 보여주기 위해 2학년 때까지 학점 관리에 집중했습니다. 그리고 3학년부터는 본격적으로 자격증이나 학교에서 개최하는 직무 설명회에 많이 참가했습니다. 그리고 해당 직무에 관심이 있다는 것을 보이기 위해 관련 수업을 수강하였습니다.

(8) 취업준비생에게 힘이 될 수 있는 한마디

일단 취·창업 센터를 많이 이용하시고, 링크 사업단 그리고 학교 포털에 올라오는 프로그램을 많이 찾아보고 참여하셨으면 좋겠습니다. 그리고 저는 긍정적인 편이어서 무엇이든 잘할 수 있을 거라는 마인드였는데, 이런 저도 상반기 때는 서류, 면접에서 떨어져서 낙담했던 기억이 납니다. 그래도 조급하게 생각하지 말고 당장 준비할 수 있는 것부터 노력하면 좋은 결과가 있을 것이라 생각합니다.

26) OOO에이전시(중소) 모델

(1) 기업소개 및 채용 프로세스

　OOO에이전시는 2017년에 설립된 국내 패션모델 매니지먼트 기업이며 해외 무대를 기준으로 막강한 모델 라인업을 갖춘 국내 에이전시입니다.

　채용프로세스는 3차 면접을 통해 채용이 이뤄지며 1차는 서류전형, 2차와 3차는 실물 미팅을 통해 이뤄집니다.

(2) 직무 및 지원동기

• 직무 : 모델

• 지원동기 : 전공을 선택하기 전에 저는 막연히 도전해 보고 싶다는 생각만 갖고 있었습니다. "내가 과연 할 수 있을까?"라는 생각에 얽매여 있을 때 탈무드의 '실패한 일을 후회하는 것보다 해보지도 못하고 후회하는 것이 훨씬 더 바보스럽다'는 문구를 보게 되었습니다. 그것을 계기로 고민만 하고 실천으로 해보지 못하는 저 자신이 후회스러울 것 같아서 오디션을 보기 시작했습니다.

(3) 직무역량 개발

일반적인 직무와 다르게 저의 직무는 이미지를 보여주는 직업 특성상 식단관리, 피부관리 등의 자기관리가 중요시됩니다. 평소 먹는 것을 좋아하지만 몸매 관리를 위해서 정제 탄수화물도 끊고 운동도 열심히 하면서 노력했던 것 같습니다.

(4) 합격자 스펙

- 평균학점 : 3.78/4.5
- 아르바이트 경험 : 영어학원
- 봉사활동 : 장기기증 서포터즈, 세계난민 기부봉사
- 해외체류 경험 : 유럽(프랑스, 이탈리아, 영국)

(5) 취업준비생에게 힘이 될 수 있는 한마디

'평정심을 유지!'

저의 직업이 다소 특별하지만 준비해야 하는 사항들은 몸매 관리를 위한 식단과 운동이 필요할 것 같습니다. 그리고 매 순간이 면접(오디션)이기에 거절당해도 아무렇지 않을 수 있는 정신, 긍정적인 마음가짐도 필요할 것 같습니다.

27) 와이아이케이(중견) 구매부

(1) 기업소개 및 직무소개

우리 회사는 반도체 공정에서 EDS[16] 테스트 공정에 필요한 테스트 장비를 제조하고 공급하는 회사입니다. 직무는 구매 부서의 SCM(Supply Chain Management)[17] 팀입니다.

(2) 지원동기

전 회사에서 해외 영업으로 한 3년 정도 근무를 했었습니다. 그런데 코로나 등으로 인해 제가 바이어한테 주문을 받아와도 자재를 못 구해서 매출이 안 나왔던 적이 대다수였습니다. 이런 경험을 통해 구매 부서가 회사의 시작점 같은 중요한 부서인 것 같다는 생각이 들어 구매 부서로 이직하게 됐습니다.

(3) 채용 프로세스

저희는 서류, 면접 순으로 진행되는데 면접은 총 두 차례에 걸쳐 이루어집니다. 먼저 1차는 실무진 면접이었습니다. 그리고 AI면접, 2차 임원진 면접 순으로 진행됐습니다. AI면접의 경우 면접 시에 눈이나 목소리의 떨림을 감지한다고 해서 최대한 차분하게 말하려고 노력했습니다.

---

16) EDS 공정은 Electrical Die Sorting의 약자로, 웨이퍼(반도체 제작에 바탕이 되는 소재) 완성 단계에 있는 개별 칩의 전기적 동작여부를 검사하는 과정입니다.

17) SCM은 공급망 관리를 의미합니다. 기업이 원자재를 구매하여 제품을 생산하고 판매하는 모든 과정을 효율적으로 관리하는 것을 말합니다.

(4) 역량개발 방법

반도체 부문은 일본에 원천 기술들이 많이 있기 때문에 해외 영업을 취업 준비하면서 쌓았던 일본어나 영어 자격증 등이 취업 준비할 때도 똑같이 적용됐던 것 같습니다.

그리고 저는 언어 쪽에 강점을 두고 싶어서 졸업하기 전에 6개월 정도 호주로 워킹홀리데이를 다녀왔었고 해외 영업 취업 준비할 때는 교내 취·창업지원처에서 취업 준비 컨설팅을 받으며 면접 준비를 했던 것 같습니다.

(5) 합격을 위한 팁

우선 전산 관련 자격증을 한두 개씩 가지고 있는 것만으로도 숫자 면에서는 충분히 업무를 할 수 있는 인재라는 것을 증명합니다.

그리고 제가 회사에 다닐 때도 이사님이 무역 영어나 국제무역사를 취득하면 좋겠다고 얘기하셨으니 그런 것도 확실히 도움이 될 것 같습니다.

(6) 합격자 스펙

- 학점 : 3.69/4.5
- 어학성적 : JLPT, TOEIC
- 대내외 실습 경험 : 교내 대학토론배틀 총장상
- 봉사활동 : KB국민은행 중학생 멘토링
- 여행 : 호주 워킹홀리데이 6개월

(7) 면접 시 기억나는 질문

Q1. 당신을 꼭 뽑아야 하는 이유를 일본어로 말해주세요.

A1. 저는 기존의 영업 경험이 있기 때문에 제가 바이어의 역할을 하게 되면 영업 전략을 다른 사람들보다 더 잘 파악해서 상황을 저의 쪽으로 유리하게 가져올 수 있습니다.

Q2. 직장을 볼 때 가장 중요하게 생각하는 두 가지는 무엇인가요?

A2. 첫 번째는 산업군의 미래이고 두 번째는 연봉입니다. 산업군의 미래라고 답한 이유는 산업군의 파이가 점점 커져야 회사 매출도 지속해서 증가할 수 있으므로 반도체 회사는 성장성이 보장돼 있는 산업군인것 같기 때문입니다.

Q2-1. 두 번째가 연봉이라고 대답한 이유는 무엇인가요?

A2-1. 제가 말씀드린 연봉은 동기부여가 될 만큼의 연봉이 되어야 저도 열정을 가지고 일할 수 있을 것 같고 그렇게 말씀드리지 않는 건 솔직하지 않아서입니다.

(8) 취업준비 때 마인드컨트롤 방법

제 주변의 친구들이 먼저 취직한다던가 아니면 취업을 생각하는 회사보다 다른 친구들이 취업한 회사가 돈을 훨씬 많이 준다든가 이러면 좀 자존감이 많이 낮아졌었거든요. 그럴수록 지금 하는 것을 꾸준히 하는게 낫다는 생각을 많이 했던 것 같습니다.

(9) 취업준비생에게 힘이 될 수 있는 한마디

요즘 공대생들은 영어는 잘 하지만 제 2 외국어 학습은 소홀한 분들이 많이 계실 것 같습니다. 제 2 외국어 학습은 제대로 하는 사람이 많지 않아서 준비를 하면 충분히 경쟁력이 있습니다. 일본어를 추천합니다.

3. 사기업 이공계, IT직무

1) 데이터솔루션(중견) 백엔드개발자

2) 삼성디스플레이(대기업) 공정기술

3) 피엠씨텍(대기업) 기술엔지니어

4) 삼성전자(대기업) DS부문 생산관리

5) 삼성전자(대기업) 공정기술

6) O앤엘(중소) 품질관리

7) 에이텍에이피(중견) 시스템개발

8) 기업 미공개 시스템엔지니어

9) 현대모비스(대기업) 인포테이먼트

10) 파워로직스(중견) 품질관리

11) 한국정보인증(중견) 솔루션 영업

12) 오뚜기(대기업) 생산관리

13) OO제약(중소) 품질관리

1) 데이터솔루션(중견) 백엔드개발자

(1) 기업소개

데이터솔루션은 데이터 수집, 저장, 관리, 분석 및 활용, 시스템화에 이르는 데이터 전 분야의 토탈솔루션을 보유하고 있으며, 융복합 기술 기반의 다양한 빅데이터 Biz 모델[18] 을 지속적으로 개발하고 있습니다.

가상화 기술, 데이터 관리 및 보안 솔루션, 클라우드 인프라 및 플랫폼 개발 등을 주로 수행하며, 기업들의 데이터 효율성과 비용 절감, 성능 향상을 돕고 안전한 데이터 운영을 위한 기업 보안 솔루션도 제공하는 기업입니다.

(2) 직무소개

• 백엔드 개발 : 클라우드 환경에서 사용자가 필요로 하는 자원 및 서비스 자동화를 제공하며 사용자 중심의 포탈, 통합 모니터링 관리자 포탈, 고객 맞춤형 커스터마이징 등을 개발하는 직무입니다.

데이터와 API[19] 등의 체계적 관리를 통해 기업의 니즈에 맞는 프로그램을 개발하고 있습니다.

---

18) 빅데이터 비즈니스 모델(Biz 모델)은 데이터를 활용하여 새로운 가치를 창출하고, 이를 통해 수익을 얻는 비즈니스 전략을 의미합니다.

19) API(애플리케이션 프로그래밍 인터페이스)는 소프트웨어나 서비스가 서로 데이터를 주고받을 수 있도록 연결해 주는 인터페이스입니다. 쉽게 말해, 다른 프로그램이나 시스템이 서로 소통할 수 있도록 도와주는 매개체라고 할 수 있습니다.

(3) 합격자 스펙

- 평균학점 : 4.06/4.5 (전공평균 4.34/4.5)
- 자격증 : SQLD[20], 전산세무 2급, 전산회계 1급, 전산회계 2급
- 대내외 실습 경험 : 연말정산 인턴경험 2개월
- 직업교육 : 국비학원 프로그래밍 교육 7개월
- 봉사활동 : 도서 정리 봉사활동

(4) 직무 역량개발 과정

우선 학점이 높았던 것이 면접 시 성실함에서 긍정적인 평가를 받았던 것 같습니다. 또한 교육원 프로젝트 중 본인이 개발한 포트폴리오를 잘 어필함으로써 면접관에게 개발 경험에 대한 신뢰감을 주었고 이것이 경쟁자와 차별화될 수 있었습니다.

---

20) SQLD(SQL Developer)는 한국데이터산업진흥원(K-DATA)에서 주관하는 국가공인 데이터베이스(SQL) 관련 자격증입니다.

(5) 취업준비생에게 힘이 될 수 있는 한마디

'포기하고 싶을 때 절대 포기하지 말자!'

솔직히 취업한 회사의 면접 준비를 많이 못해서 면접을 보러 가지 않으려 했습니다. 그러던 중 가장 가까운 지인이 "아예 안가면 기회조차 없어지게 되니 결과와 상관없이 면접을 보러 가라"고 조언해주었습니다. 이에 현재 취업한 회사에 면접을 보러 가서 좋은 결과를 얻게 되었습니다. 기회는 잡으려는 손을 내밀 때에 내 것이 됩니다. 항상 열린 마음으로 임하면 나도 모르게 좋은 결과가 찾아올 것입니다.

2) 삼성디스플레이(대기업) 공정기술

(1) 기업소개

삼성디스플레이는 삼성그룹의 계열사로 충남 아산시에 있습니다. 대형 TV에서부터 모바일까지 사용하는 디스플레이 패널을 제조하는 회사입니다. 우리 회사는 OLED, QLED[21], LCD, Flexible Display 등 다양한 디스플레이 기술을 보유하고 있으며, 글로벌 리더로서 전 세계의 주요 전자기기 제조사들에 패널을 공급하고 있습니다.

(2) 직무소개

• 제조 : 현재 제가 하는 업무는 불량패널의 정합성 확인과 SCOPE[22] 분석 업무입니다. 불량 판정을 받은 패널이 실제 불량 명과 일치하는지 확인하고, 실제 불량이 맞으면 SCOPE로 어떠한 부분에서 불량이 발생했는지 확인합니다. 그리고 라인 내에 불량을 일으키는 설비를 유추하여 각 기술팀으로 현상을 보내 설비 조치가 될 수 있도록 합니다.

---

21) QLED(Quantum-dot Light Emitting Diode)는 퀀텀닷(Quantum Dot, 양자점) 기술을 활용한 디스플레이 기술입니다. 쉽게 말해, 기존 LCD에서 색 표현력을 높이기 위해 퀀텀닷 필름을 추가한 LCD TV라고 할 수 있습니다.

22) 여기서 SCOPE란 일반적으로 "디스플레이 패널 제조 공정의 각 단계를 포괄하는 업무 범위"를 의미합니다. 하지만, 회사 및 상황에 따라 다른 의미로도 사용될 수 있습니다.

(3) 합격자 스펙

- 학점 : 3.32/4.5
- 자격증 : ITQ(한글, 워드, 파워포인트), 전산회계 2급, 워드 1급
- 아르바이트 경험 : 식당 서빙 보조
- 봉사활동 : 83시간

(4) 직무 역량개발 과정

교내에 봉사동호회를 만들어 부회장직을 맡으며 봉사활동을 진행하고 취업에 도움이 되는 여러 가지 자격증을 취득하였습니다. 그 덕분에 실무를 진행할 때 업무적으로 큰 도움을 받았습니다. 그리고 취업 전날까지 친구들과 면접 인터뷰를 했던 것이 긴장을 덜어주는 데 큰 역할을 하였습니다.

(5) 면접 시 기억나는 문항

Q1. 봉사 동호회 부회장직을 맡았는데 기억에 남는 추억이 있나요?

A1. OO 사랑의 집에 갔던 것이 생각이 납니다. 제일 처음 봉사활동을 갔던 곳이었는데, 처음 보는 할머니, 할아버지들이 저희를 반갑게 맞이하시던 모습을 보고 계속 봉사활동을 하게 되었습니다.

Q2. 대학에 가지 않고 바로 취업한 이유는 무엇입니까?

A2. 보통 고교 졸업 후 대학에 진학하는 것이 순서지만 꼭 그렇지만은 않다고 생각합니다. 지금은 사정이 있어 먼저 취업하게 되었지만 얻는 경험도 많을 거라고 기대합니다.

(6) 취업준비생에게 힘이 될 수 있는 한마디

'노력하는 자에게 좋은 결말이'

저는 다른 방법으로 취업하여 늦게 학교에 다니고 있어 제 정보가 크게 도움이 되지 않을 것 같지만 그래도 노력하는 자에게 항상 좋은 결말이 올 거라고 생각합니다. 파이팅하세요!!

3) 피엠씨텍(대기업) 기술엔지니어

(1) 기업소개

피엠씨텍은 전남 광양에 소재한 회사로서 OO케미칼과 OOO케미칼의 합자회사입니다. 우리 회사에서는 코크스[23] 제조로 2차 전지 공백제[24]를 만들고 있습니다.

(2) 직무와 지원동기

- 직무소개 : 제 직무는 기술 엔지니어이고 품질이나 생산 부문 기술을 관리하고 있습니다.

- 지원동기 : 공대 수업 중에 공정이나 생산 관련 수업이 있는데, 수업을 들으면서 생산 등에 대해 흥미를 가졌던 것 같아요. 사람들과 설계, 실험 수업을 통해 사람들과 일하는 게 즐겁다고 느껴져서 해당 직무에 지원했습니다.

---

23) 코크스는 석탄을 고온 가열하여 휘발 성분을 제거한 고탄소 고형 물질입니다.

24) 전지 공백제(Separator, 분리막)는 배터리 내부에서 양극과 음극이 직접 닿아 단락(Short)이 발생하는 것을 방지하는 소재입니다.

(3) 직무 역량개발 과정

기술 엔지니어가 여러 사람과 만나는 협업을 하는 일이기 때문에 사람들과 많이 만나고 학교에서 운영했던 프로그램에 참여했습니다.

OOO빌리지, 어학연수 등에 참여해서 외국의 문화를 이해하려 했고 다른 학생을 만나면서 협업하는 방법을 배울 수 있었습니다.

(4) 합격자 스펙

- 학점 : 3.8/4.5
- 어학성적 : 토익스피킹 120점
- 자격증 : 컴퓨터활용능력 2급
- 대내외 실습 경험 : 동아리 2년(6개월 임원활동), OOO빌리지 참여
- 아르바이트 경험 : O마트 3개월
- 직업교육 : OO시 주최 대학생 인턴 1개월
- 봉사활동 : 봉사단체 임원활동 1년
- 기타 특이사항 : 마라톤 10km 완주

(5) 면접 시 기억나는 문항

Q1. 해당 직무에 대해서 어떤 노력과 발전을 해왔나요?

Q2. 해당 직무와 본인과의 공통점은 어떤 것이 있나요?

Q3. 어떤 수업을 가장 자신 있게 들었나요?

Q4. 수도권에 거주 중인데 지방으로 오신 이유는 무엇인가요?

A4. 서울은 규모가 작은 공장이 많기 때문에 큰 공장에서 일하며 경험을 쌓고 싶어 지원했습니다.

Q4-1. 서울 쪽 공장을 못 가서 그런 것 아닌가요?

A4-1. 저는 소규모 회사보다는 큰 회사에서 체계적으로 배우고 싶었습니다. 저는 지방 도시들이 기회의 땅이라고 생각합니다.

4) 삼성전자(대기업) DS부문 생산관리

(1) 기업소개

저는 삼성전자 DS[25] 부문 제조 기술 담당 생산 관리 직무에서 근무하고 있습니다. 생산 관리는 제품의 생산 관리, 생산 계획을 수립하거나 자재 수급을 관리하고 원가 관리를 통한 생산성 향상을 주업무로 하는 부서입니다.

(2) 직무와 지원동기

저의 전공인 경영공학과는 취업 시장에서는 전통적으로 품질관리, 생산관리 쪽에 강점이 있는 학과입니다. 그리고 AI 빅데이터 쪽으로도 두각을 보이는 학과라고 생각해서 생산관리 직무에 지원하였습니다.

---

25) DS(Device Solutions)는 전자제품의 부품인 메모리 반도체 등을 제공하는 것을 뜻합니다.

(3) 합격을 위한 팁

우선 스펙을 쌓는 것은 당연히 필요하다고 생각하고 인·적성 공부도 틈틈이 해주는 게 중요하다고 생각합니다.

면접은 현직자분들과 인터뷰를 해보는 것을 추천합니다. 저도 면접 전에 인터뷰를 진행했었는데 많은 도움이 됐습니다. 본인의 직무와 맞지 않더라도 연관 직무의 분들께도 유용한 정보를 많이 얻어갈 수 있습니다.

(4) 합격자 스펙

- 학점 : 4.09/4.5
- 어학성적 : 토익 800, OPIc IM
- 자격증 : 품질경영기사, ERP[26] 정보관리사, 생산 정보 관리사, ADsP[27],
  컴퓨터활용능력 1급, MOS자격증(PPT, 엑셀, 엑세스)
- 대내외 실습 경험 : 교내 공모전 참여, 교내 기업경진대회 준우승

---

26) ERP는 전사적 자원 관리(Enterprise Resource Planning)의 약자로, 기업의 업무를 통합적으로 관리하는 소프트웨어 시스템을 말합니다.

27) ADsP(Advanced Data Analytics Semi-Professional, 데이터분석 준전문가)란 데이터 이해에 대한 기본지식을 바탕으로 데이터분석 기획 및 데이터분석 등의 직무를 수행하는 실무자를 말합니다.

(5) 면접 시 기억나는 문항

☑ **직무 면접**

Q1. 개념 문제 / Q2. 개념 응용 문제

Q3. 해당 개념이나 이론을 현업에서 어떻게 적용할 수 있을지

3번 문제는 취업 준비생이 현업에 대해 알 수 없기 때문에 거의 답변을 하지 못하는데 면접관들도 답변을 못 할 것이라고 생각하기 때문에 답변에 논리가 있다면 틀려도 좋게 넘어가는 것 같습니다.

☑ **임원 면접**

임원 면접 때는 자기소개서 기반으로 질문을 하는데 자기에 대한 경험을 생각해보고 자기만의 가치관을 정립해서 본인 특유의 생각이 들어간 대답을 하는 것이 좋을 것 같습니다.

(6) 채용 프로세스

채용 프로세스는 서류 심사, GSAT(삼성실무적성검사), 인적성 검사 순으로 진행합니다. GSAT을 통과하면 면접은 1차는 실무진 면접이 있고 2차로 임원 면접이 있습니다.

(7) 본인만의 차별화된 취업방법

먼저 품질경영기사 자격증을 취득했습니다. 품질경영기사 자격증은 품질관리와 생산관리가 모두 포함된 자격증이기 때문에 취득했습니다. 그리고 생산관리 자격증 중에 ERP정보관리사, 생산정보 관리사가 있습니다. 생산관리는 타 직무와 달리 현업을 직접 확인해볼 수 있는 경험이 많지 않습니다. ERP정보관리사는 현업에 사용되는 소프트웨어를 경험해볼 수 있었기 때문에 취득했습니다.

학교에서 열리는 공모전에 참여하고, 교내 봉사 동아리 활동을 나갔습니다. 기업 분석 경진대회에 동기들과 참가해 2등을 했던 경험이 있습니다.

(8) 취업준비생에게 힘이 될 수 있는 한마디

우선 열심히 하면 어느 기업이든 갈 수 있다고 생각하고 당장 취업 안된다고 너무 낙심하지 말고 파이팅했으면 좋겠습니다.

5) 삼성전자(대기업) 공정기술

(1) 기업소개

저는 금년도 1월에 삼성전자 공정 기술 직무에 최종 합격했습니다. 저의 직무는 반도체 제작 시 단시간에 효율적으로 만드는 방법에 대해 연구하는 직무입니다. 제가 현재 근무 중인 기술팀은 반도체 8대 공정 중 HD팀[28]에 속합니다.

(2) 지원동기

3학년 때 우리 학과 교수님 학부 연구생으로 들어갔었는데 교수님이 당시 CVD[29]를 연구하셨습니다. 그 연구를 함께 맡아서 하다 보니 반도체에 관심이 생겨 삼성전자에 지원했고 합격했습니다.

(3) 취업 가이드라인

설비 기술 같은 경우는 기계를 직접 다루는 직무이다 보니 학점을 많이 요구하지는 않습니다. 대략 3.5에서 3.8 사이면 충분하다고 보시면 됩니다. 하지만 공정 기술은 학점을 많이 보기 때문에 3.8 이상은 되어야 할 것 같습니다.

---

28) HD팀은 반도체 공정 중에서 미세 공정, 특히 고밀도(High-Density) 패턴 형성을 다루는 팀을 의미합니다.

29) CVD는 반도체 제조 공정에서 웨이퍼 위에 얇은 박막을 증착하는 기술 중 하나입니다. 화학 반응을 이용해 기체 상태의 원료를 분해하거나 반응시켜 고체 박막을 형성합니다.

(4) 차별화된 취업준비 방법

우선 박막 공학[30], 반도체 소자에 관해 공부했습니다. 그리고 반도체 관련 기사를 찾아 스크랩하거나 관련 영상을 찾아보면서 반도체 기술력에 대해 정리하였습니다.

서류 단계에서는 자기가 무엇을 했는지 정리하는 게 제일 중요합니다. 만약에 안 했다면 서류준비 기간에 관련 활동을 하면서 같이 서류를 쓰는 게 제일 좋을 것 같습니다.

GSAT는 서류 발표 2주 전부터 공부했습니다. 한달 정도 GSAT를 공부했었고 하루 3시간씩 꾸준히 했습니다. 추천 교재는 입문서로는 렛유인이 적합하다고 생각합니다. 그리고 해커스, 에듀윌 교재가 난도가 있는데 그 책을 마지막에 해주시면 될 것 같습니다.

(5) 면접 시 기억나는 질문

Q. 본인이 죽으면 어떤 사람으로 기억에 남고 싶은가요?

---

30) 박막 공학은 나노미터에서 마이크로미터 두께의 얇은 막을 형성하고, 이를 제어하는 기술 및 원리를 연구하는 학문입니다. 반도체, 디스플레이, 태양광, MEMS(Micro-Electro-Mechanical Systems) 등 다양한 첨단 산업에서 필수적인 분야입니다.

(6) 합격자 스펙

- 학점 : 4.05/4.5
- 어학성적 : 토익 스피킹 LV6, 토익 700
- 자격증 : 제빵사, 비서, 한국사능력검정, 컴퓨터활용능력 1급
- 대내외 실습 경험 : 학과 교수님 CVD 연구실 산하 근무
- 직업교육 : 교직이수

(7) 합격을 위한 팁이나 방법

일단 본인이 반도체 관련해서 알아본 내용을 정리하고 그중에서 본인이 무엇을 하고 싶은지 두 개 정도는 생각하는 게 좋습니다.

그리고 면접 시에 본인이 자기소개서에 적혀 있는 것을 했는지도 많이 물어봅니다. 그래서 자기소개서 내용도 상세하게 알아야 하고 솔직하게 말하는 게 중요한 것 같다고 생각합니다. 얼마나 본인에 대해 솔직히 말하는지, 얼마나 해당 직무에 대해 일을 하고 싶은지를 표현하면 좋겠습니다.

(8) 취업준비생에게 힘이 될 수 있는 한마디

저는 취업 준비를 실질적으로 3개월 정도 했습니다. 오래 준비하는 분들도 있지만 짧게 준비해도 열심히 한다면 좋은 결과 있으니까 너무 무서워하지 않고 준비를 잘했으면 좋겠습니다.

6) O앤엘(중소) 품질관리

(1) 기업소개

제가 지원한 회사는 O앤엘이라는 회사이고 창상피복재[31] 라는 습윤 밴드를 만드는 의료기기 회사입니다. 저는 품질관리 직무로 입사하게 되었습니다. 품질관리 직무는 제품이 소비자에게 안전하게 제공될 수 있도록 일련의 제조 공정에 대해서 품질을 관리하는 직무입니다.

(2) 취업 가이드라인

품질관리는 주 업무가 실험이기에 영어를 자주 사용하는 관계로 어학 점수는 높을수록 좋습니다.

자격증 관련으로는 이공계열은 기사 자격증이 제일 좋은 것 같습니다. 저의 경우 환경에서 제약으로 직무 변경을 하였는데도 수질환경기사를 취득했고 대기환경기사는 1차 필기에 합격한 상태였습니다. 이런 기사 자격증들은 직무와 관련이 없음에도 불구하고 자격증 보유에 대해 높게 평가하는 경향이 있습니다.

---

31) 창상피복재는 상처(창상)를 보호하고 치유를 촉진하기 위해 사용하는 의료용 제품입니다. "습윤 환경 유지"를 핵심 원리로 하여 상처 부위의 적절한 습도를 유지하고 빠른 회복을 돕는 제품입니다.

(3) 합격을 위한 팁이나 방법

　자기소개서 작성 시에는 본인이 지금까지 무엇을 했는지 전부 작성하고 그중에 어떤 것을 자기소개서에 쓸지 고민하는 과정이 필요합니다. 그리고 실험 노트는 자기소개서나 면접 쓸 때 요긴하니까 보관하셨으면 좋겠습니다.

　품질관리 직무를 위해서는 분석기기 수업을 수강하시면 도움이 됩니다. 학교에서도 분석기기 특강이 있으면 무조건 들으시는 것을 추천합니다. 그리고 한국기술교육대학교 온라인 평생교육원 사이트에 접속하시면 무료 강의가 많습니다. 이수하면 수료증도 발급이 되어서 면접 시에 이런 사실이 큰 어필이 됩니다.

(4) 면접 시 기억나는 질문

Q. (휴학 1년, 졸업 유예 6개월을 보고) 본인 지원자분은 대학원도 나오지 않았는데 왜 이렇게 졸업을 늦게 하셨나요? 학과랑 안 맞아서 그러셨나요?

A. 저는 학과에 호기심이 생겨 대학을 입학했습니다만 전공 공부에 어려움을 느껴 학점을 얻기가 힘들었습니다. 하지만 저는 품질관리라는 꿈을 위해 포기하지 않고 꾸준히 노력했습니다. 학년이 올라갈수록 만족할 만한 학업 성취도를 이루었고 이러한 성취감은 성장 동력이 되어 제가 졸업한 후에도 수질환경기사를 취득하는 데 도움이 되었습니다. 이력서에 기록된 성적을 보면 지금도 많이 후회되고 아쉬움이 남습니다. 하지만 이를 통해 내게 주어진 일에 대해 후회하지 않고 열심히 하자는 깨달음도 얻었습니다. 이 기업에 신입사원으로 입사하게 되어서도 이러한 깨달음을 토대로 열심히 일하는 사원이 되겠습니다.

(5) 합격자 스펙

- 학점 : 2.97/4.5
- 어학성적 : 토익 835점
- 자격증 : 수질환경기사
- 대내외 실습 경험 : 교내 조별 프로젝트
- 아르바이트 경험 : 드럭스토어 4년 알바

(6) 취업준비생들에게 힘이 될 수 있는 한마디

우선 단국대학교 취·창업지원처를 적극 활용하는 것을 추천합니다. 면접이나 자기소개서 등과 관련해 컨설팅하시면 많은 도움이 됩니다. 그리고 취업 준비하면 주변 친구들의 성공담이 많이 들려옵니다. 하지만 기회는 분명 오니까 기죽지 말고 열심히 계속하셨으면 좋겠습니다.

7) 에이텍에이피(중견) 시스템개발

(1) 기업소개 및 직무소개

에이텍에이피에서는 은행에서 쓰이는 ATM기기를 주력으로 하고 있습니다. 저는 시스템 개발 중 기구 설계 업무를 맡고 있는데, ATM기의 전반적인 외형이나 부품에 대해 제작, 수정하는 직무입니다.

(2) 채용 프로세스

채용 프로세스는 서류 접수, 면접 순으로 진행됩니다. 면접은 두 차례에 걸쳐 진행됩니다. 먼저 1차 실무진 면접은 전공 지식, 인성 등을 주로 물어봅니다. 또 내가 어떻게 회사에 기여할 수 있는지도 평가합니다. 2차는 임원 면접인데 인성 면접으로 내가 어떤 사람인지, 본인을 어떻게 어필할 수 있는지 등의 질문을 받았습니다.

(3) 합격을 위한 팁이나 방법

먼저 본인의 직무를 정하고 관련 공모전이나 연구실에서 대외 활동을 할 것을 추천합니다. 그리고 자기소개서를 쓸 때 내가 이 분야에 관심이 있고 무엇을 했는지를 중점적으로 보여주어야 한다고 생각합니다. 자기소개서에서는 나의 강점을 보여줄 수 있어야 하는데 그러기 위해서는 인턴 등 여러 가지 경험을 하면 좋은 결과가 있을 거라고 생각합니다.

(4) 차별화된 취업준비 방법

우선 재료역학[32] 이나 열역학 등에 대해 공부를 하고 공부한 것들을 연관시키면 된다고 생각합니다. 그리고 직무 역량 향상을 위해 대한상공회의소에서 교육받았습니다. 그렇게 두 가지가 합쳐져 취업할 수 있었습니다.

학부생 때 에너지공학과 출신이면 4대 역학은 배우는 것으로 알고 있는데 그 내용들은 직무와 겹치는 것이 많아 잘 숙지하시면 좋을 듯합니다.

제가 교육을 이수할 때 에너지공학과에서는 따로 툴은 배우지는 않아서 별도로 관련 교육도 들었던 것이 직무를 수행하는 데 연결이 됐던 것 같습니다.

(5) 면접 때 기억나는 질문

먼저 자기소개를 했었습니다. 이에 저는 "에너지공학과를 나왔는데 이러한 것을 배웠고 이러한 것을 접목할 수 있을 것 같습니다. 그리고 외부 교육을 수강하고 자격증을 취득하며 전문성을 길렀고 이를 바탕으로 이 회사에 일하고 싶습니다"라고 답변했습니다.

전공 면접 때는 어떤 것을 만들 때 재료를 어떻게 쓸지 재료역학 중심으로 질문이 나왔던 것 같습니다.

---

32) 재료역학(mechanics of materials)은 기계, 건축물, 다리 따위의 구조물을 이루는 재료의 역학적 성질을 연구하는 학문을 말합니다.

(6) 합격자 스펙

- 학점 : 3.08/4.5
- 어학성적 : 토익스피킹 IH
- 자격증 : 산업기사, 에너지관리기사
- 대내외 실습 경험 : 스타트업 인턴 3개월, 공공기관 인턴 3개월

(7) 취업준비생에게 힘이 될 수 있는 한마디

저는 취업 준비할 때 학점도 낮고 자격증도 없어서 막막했습니다. 그래도 열심히 하면 된다는 생각을 가지고 했었습니다. 그래서인지 자격증 공부와 인턴을 병행하면서 대기업 면접까지 간 적도 있었습니다. 그러니 크게 나를 자책할 필요 없이 계속 노력하면 길은 생긴다고 생각합니다.

막막할 수는 있어도 열심히 하다 보면 내 길이 보이고 어떤 방식으로든 대답이 오니까 포기 안하고 계속 노력하시면 좋겠습니다.

8) 기업 미공개 시스템엔지니어

(1) 기업소개(기업 미공개) 및 직무소개

우리 회사는 IT 업종에서 정보 보안 분야를 전문으로 하고 있으며, 저는 고객사를 담당하는 시스템 엔지니어로 근무하고 있습니다. 시스템엔지니어는 다른 직무와 달리 다루는 분야가 넓다고 생각하시면 됩니다. 대표적으로 서버, 네트워크, 데이터베이스 등이 있습니다.

(2) 채용 프로세스

먼저 서류 접수 후 리눅스 관련 시험을 보고 면접을 진행합니다. 리눅스 시험의 경우 10문제 정도이고 자주 사용하는 명령어, 네트워킹 관련 간단한 지식 등을 중심으로 출제됐습니다.

(3) 합격을 위한 팁이나 방법

시스템엔지니어로 가게 된 이유는 제가 리눅스 언어를 공부하다 보니 시스템 관리 쪽에 흥미가 생겼었고, 그 결과 시스템엔지니어의 직무로 선택을 하게 되었습니다.

(4) 면접 시 기억나는 질문

Q1. 출장을 가는 데 있어서 거부감 같은 건 없나요?

Q2. 운전을 할 수 있나요?

Q3. OSI 7 레이어[33]에 대해 간단히 설명해 주세요.

(5) 역량개발 방법

저는 국비 지원을 받으며 정보 처리 기사도 함께 공부했었습니다. 그러면서 대략적인 IT 지식을 쌓을 수 있었습니다. 추가로 리눅스와 네트워크 자격증도 공부해서 취득했습니다.

교내활동으로는 독서 동아리를 했었고, 취업 활동으로는 '골든타임 취업스터디' 에 참여하면서 저의 진로를 찾기 위한 노력을 했습니다. 그리고 자기소개서를 쓸 때 작성 관련 코칭을 받았었는데 그런 것들이 유용했다고 생각합니다.

---

33) OSI 7 레이어는 네트워크 통신을 7단계로 나눈 모델로, 네트워크에서 데이터가 어떻게 이동하는지를 단계별로 설명하는 모델입니다.

(6) 합격을 위한 팁

우선 정보처리기사, 리눅스 마스터, 네트워크 관리사는 현업에서는 필수이고 대체로 이보다는 상위 자격증을 우대합니다. 학부생에게 추천하는 자격증은 CCNA(네트워크 엔지니어 입문자용 국제 자격증)와 AWS(아마존 클라우드 자격증)가 있습니다. 이 자격증은 소지한 경우 정보 보안 부문에서 우대해 주고 있습니다.

이력서나 자기소개서 작성 시에는 IT 업계는 자기가 어떤 것을 했는지를 많이 중시하므로 학교 프로젝트 등을 어필하는 게 괜찮지 않을까 생각합니다.

재학 중에는 IT 교육과 자격증 취득이 관심도를 보여주기에는 가장 좋을 것 같습니다. 그리고 스스로 실습을 해본다면 어필할 때 큰 역량이 될 것 같습니다.

(7) 합격자 스펙

- 학점 : 3.50/4.5
- 자격증 : 정보처리기사, 리눅스 마스터, 네트워크 관리사
- 대내외 실습 경험 : 학교 독서동아리, 취업활동(교내 취업스터디) 참여

(8) 해당 직종의 전망 또는 진로 방향

시스템 엔지니어는 다루는 범위가 넓습니다. 서버, 네트워크, 정보 보안 이렇게 세 가지를 다룹니다. 그렇다 보니 IT 인프라 관리자라는 이름으로 대기업에서도 채용하고 있고요. 그런 곳들이 아니어도 클라우드 관리나 각 회사의 전산실에서 IT 인프라를 관리하면서 경력을 쌓을 수 있습니다.

(9) 취업준비생에게 힘이 될 수 있는 한마디

저는 학교에서 주최하는 취업 컨설팅 등을 통해 큰 도움을 받았다고 생각합니다. 취업을 준비하다 보면 서류 탈락이나 면접 탈락을 하는 순간이 옵니다. 그러한 상황에서 '골든타임'이라는 취업스터디 프로그램이 도움이 되었습니다. 그래서 여러 가지 컨설팅을 하면서 부족한 것들도 알수 있어 좋았습니다.

9) 현대모비스(대기업) 인포테이먼트

(1) 기업소개 및 직무소개

현대모비스는 현대자동차의 AS용품 등을 취급하고 최근에는 계기판, 내비게이션 등을 디지털화하고 있습니다.

제 직무는 인포테인먼트인데 '인포메이션'과 '엔터테인먼트'를 결합한 것입니다. 운전자 혹은 조수석에 있는 사람에게 자동차 운전시 엔터테인먼트 요소들을 적용하여 사용자 편의성을 증대시키고 있습니다. 이를 AVN(오디오, 비디오, 네비게이션)에 적용하는데 저는 해당 용품들의 영업을 진행합니다.

(2) 지원동기

채용 시 우대 사항란에 저와 같은 전자공학과 그리고 경영학 복수 전공이 포함되었고 전 회사에서 담당했던 B2B 영업[34]이 우대 사항에 있어서 지원하였고 합격했습니다.

(3) 합격을 위한 팁

기본적으로 자신의 고민이 선행되고 내가 어떤 사람인지, 내 성격 이나 성향이 어떤지를 기반으로 해당 직무와 연결했을 때 내가 잘할 수 있는지 혹은 해보고 싶은 부분인지에 대한 것들을 생각해야 될 것 같습니다.

---

34) B2B(Business-to-Business) 영업은 기업이 다른 기업을 대상으로 제품이나 서비스를 판매하는 것을 뜻합니다.

(4) 합격자 스펙

- 학점 : 3.18/4.5
- 어학성적 : 영어OPIc IH등급
- 자격증 : 자동차운전면허(1종보통),

    이동형 환경정보 수집기를 이용한 환경정보 제공 시스템 (특허출원)
- 대내외 실습 경험 : 한국생산성본부 마케팅물류팀 인턴 8개월,

    삼성 봉사단 활동, 창업, 삼성봉사단 mc,

    단러닝 클럽 Best Practice 공모전,

    LINC 대학생 프레젠테이션 경진대회,

    전자 & 디스플레이 학술제, U-300 창업경진대회,

    지역 우수 기업 탐방 리포트 경진대회,

    LINC 토론 배틀
- 아르바이트 경험 : 뚜레쥬르 계약직 (2019.2 ~ 2020.7), 서울진로상담연구소 강사(1년)
- 직업교육 : 영업 협상 실무교육 1주, AI융합전문가(유통, 물류 부문),

    삼성생명 금융 아카데미 20기, TensorFlow[35]를 활용한 딥러닝 기초 수료,

    KIDS SCHOOL 디스플레이 구동 및 회로

---

35) TensorFlow(텐서플로우)는 구글(Google)이 개발한 오픈소스 머신러닝(ML)* 및 딥러닝(Deep Learning) 프레임워크입니다. 머신러닝 모델을 쉽게 만들고 학습할 수 있도록 도와주는 라이브러리로, 딥러닝에서 가장 널리 사용됩니다.

  * 머신 러닝(ML)은 인공지능(AI)의 하위 분야로, 컴퓨터가 데이터를 통해 학습하고 개선되는 기술입니다. 데이터를 분석하여 패턴을 찾아내고, 이를 바탕으로 예측과 의사결정을 내리는 알고리즘을 사용합니다.

(5) 면접 시 기억나는 질문

자기소개에 꼬리를 무는 질문들이 많이 나왔습니다. 자기소개는 30초에서 40초 정도로 어떤 회사에 어떤 직무와 역량을 개발해 왔는지 나열식으로 구성했습니다. 그리고 마지막에는 이런 역량들이 회사에서 도움이 될 수 있다는 부분을 어필했습니다.

(6) 취업준비생에게 힘이 될 수 있는 한마디

먼저 어떤 회사나 직무로 갈지 결정하기 위해 본인이 어떤 사람인지, 어떤 것을 하고 싶은지의 고민이 선행돼야 합니다. 그래서 자기 자신을 돌아봤으면 좋겠습니다. 취업에 성공해도 인생에 있어서는 새로운 시작이기 때문에 앞서 말씀드린 고민을 해야 사내에서 좌절감이 있어도 자기 신념대로 동기부여가 되는 것들을 찾을 수 있습니다. 결국 자기 자신이 얼마나 고민하는지, 관심도가 어느 정도 표출되는지에 대해 아는 것이 가장 중요하다고 생각합니다. 취업뿐 아니라 앞으로의 삶에서도요.

10) 파워로직스(중견) 품질관리

(1) 기업소개 및 직무소개

저는 파워로직스라는 회사에서 카메라, 배터리, EMS[36] 시스템을 제조 개발, 판매하는 기업에서 근무하고 있습니다. 직무는 품질 관리 중 신뢰성 파트를 담당하고 있습니다. 품질 관리는 인라인 (in-line)에 대해 현장에서 품질을 확보하는 직무를 수행합니다.

(2) 지원동기

대학교 시절에 저는 직접적으로 선배들과 교류하면서 회사를 방문했던 적이 2번 있습니다. 현장에 방문하면서 직접적으로 생산 관리나 품질 관리 등의 업무들이 어떤 업무를 수행하는지 눈으로 보니 품질 직무로 나아가고 싶다는 생각을 가지게 되어 지원하였습니다.

---

36) EMS(Energy Management System)는 에너지 관리 시스템을 의미합니다. 에너지의 사용량과 공급량을 실시간으로 모니터링하고 관리하는 시스템으로, 에너지 효율을 높이고 비효율적인 에너지 사용을 줄이는 데 도움을 줍니다.

(3) 합격자 역량개발

　제 전공인 산업공학이 품질에 특화된 전공이어서 관련 스터디를 할 기회가 많았습니다. 그래서 전공 스터디 겸 취업 스터디를 만들어서 어떻게 준비하면 좋을지에 대한 고민을 많이 했습니다.

　공모전을 많이 나갔습니다. 공모전은 외부만이 아니라 교내에서도 많이 진행하고 있어 적극적으로 공모전 경험을 하는 것이 필요하다고 생각합니다.

(4) 취업 가이드라인

　자기소개서 같은 경우는 5, 6개 정도 스토리라인을 만들었고 이후 지원하며 그 스토리라인을 수정해 나갔습니다.

　면접은 스터디를 많이 했습니다. 아무래도 면접의 특성상 사람의 얼굴을 직접 보고 연습하는 것이 가장 효과적이었습니다. 스터디를 하면서 자기소개서와 면접 준비에 대해 기초를 다진 것 같습니다.

　본인이 지원하려고 하는 회사에서 현재 가장 많이 생산하는, 매출액 부문이 가장 큰 것이 무엇인지에 대한 연구가 필요하다고 생각합니다. 예를 들면 우리 회사는 카메라나 배터리 비중이 큰데 그 부분에 있어서 연구를 먼저 하고 해당 사업부에 대해 자기가 품질 직무를 어떻게 수행할 것인지 상상해 보는 과정을 거쳐야 한다고 생각합니다.

(5) 면접 시 기억나는 질문

Q. 다른 동료들과 소통에 있어 문제가 발생할 경우 어떻게 할 것인가요?

A. 가장 가까운 상사나 직장 사수를 통해서 고민하고 풀어나가는 방법을 찾아야 한다고 생각합니다. 직장은 공동체 생활이기 때문에 면접을 볼 때 이 조직에 적응할 수 있는가를 평가합니다. 그래서 혼자 해결하려고 한다는 포지션을 취한다면, 좋지 않은 결과를 받을 수 있다고 생각합니다.

(6) 합격자 스펙

- 학점 : 4.23/4.5
- 어학성적 : 영어 TOEIC-S 130점
- 자격증 : 식스시그마 자격증, 정보처리기능사, 한국사능력검정시험,
    ISTQB CTFL[37]
- 대내외 실습 경험 : 공모전 3회 출전(2회 대상 수상)
- 직업교육 : 직업체험활동 2회, 인턴 1회(사무직), 데이터 분석 기본 과정, VBA[38]와
    매크로를 활용한 문서 자동화 실무, SW Testing Foundation 교육
- 봉사활동 : OO시 OO초등학교 월간 멘토링
- 어학연수, 외국여행 : 필리핀 하계 교비어학연수(3개월)

(7) 취업준비생에게 힘이 될 수 있는 한마디

무엇보다 중요한 것은 본인이 원하는 것이 무엇인가를 생각하는 것입니다. 예를 들면 자기가 돈을 가장 원할 수도 있고 워라밸을 가장 중요하게 생각할 수도 있습니다. 그렇다면 워라밸이나 돈 등에 대해서 자기가 어떻게 해야 좋은 직장을 찾을 수 있는지 고민을 많이 하는 것이 가장 중요하다고 생각합니다. 취업 준비생분들 파이팅입니다.

---

37) ISTQB CTFL은 ISTQB에서 주관하는 소프트웨어 테스팅 기본 레벨 인증입니다. 이 자격증은 소프트웨어 테스팅 원칙, 프로세스, 기법 및 도구에 대한 지식을 검증합니다.

38) VBA는 마이크로소프트에서 제공하는 프로그래밍 언어입니다.

11) 한국정보인증(중견) 솔루션 영업

(1) 기업소개 및 직무소개

저는 다우키움 계열 그룹의 한국정보인증이라는 회사를 다니고 있습니다. 한국정보인증은 공인인증서 기반 IT 회사로 공동 인증서, 그리고 삼성페이 및 삼성패스 생체 인증도 저희 회사에서 제공하고 있습니다.

(2) 채용 프로세스

저는 채용 연계형 인턴이어서 서류 전형, 1차 면접 후 3개월간의 인턴십 과정에 대해 회사에서 평가를 거쳐 PT 면접과 개별 면접을 함께 본 뒤 최종 합격했습니다. PT 시간은 5분에서 10분 정도 주어지고 주제는 무제였습니다. 저는 PT 시에 저의 강점이 열정이었기 때문에 이를 PR과 관련해 어필한 것이 영업사원의 패기로 좋게 기억에 남았던 것 같습니다.

(3) 취업 가이드라인

IT솔루션 영업직은 어학적인 것들은 서브인 것 같습니다. 자격증의 경우 IT 관련 정보처리기사 등이 있으면 좋지만 부차적 요소입니다.

어떻게 보면 영업이라는 게 가장 메인이다 보니 경험이 가장 중요하다고 생각합니다.

(4) 역량개발

저는 2학년 때 삼성 봉사단 MC 및 중·고등학교 강연 활동 등을 통해 영업에 대한 꿈을 키웠습니다. 3학년 때는 마케팅 프로젝트와 IT 창업을 통해 기술 및 IT 업무를 구체화했습니다. 그 후에는 한국생산성본부 마케팅 물류 팀에서 인턴을 했습니다. 그리고 진로 강사로도 활동하면서 영업에 대한 역량을 키워갔습니다.

학교에서는 영업적인 부분들을 키울 수 없어 직업교육을 받는 곳에 자비로 영업 협상 실무교육을 받았던 것이 도움이 됐습니다. 그리고 전술한 진로 강사 활동과 같은 영업 관련 CS 활동[39]을 통해 면접장에서 자신감 있게 얘기를 하게 되고, 심사위원들도 경험 위주의 면접을 중시하는 특성상 그런 점들을 좋게 보셨습니다.

(5) 합격을 위한 팁

일단 IT는 무형의 제품을 판매하기 때문에 상황 판단 능력을 굉장히 많이 요구합니다. 그러다 보니 다른 직무들보다 경험을 더 많이 보는 것같습니다. 그래서 한 가지 방법을 드리자면 하나를 볼 때 육하원칙에 따라서 봤으면 좋겠습니다. 어떤 활동을 하더라도 왜 이렇게 된 것인지 끊임없이 사고하는 태도를 가져야 면접에서도 어떤 질문을 받았을 때 바로 대답할 수 있는 토대를 제공하기 때문입니다.

---

39) CS(Customer Service, 고객 서비스) 활동이란 영업에서 고객 만족을 높이고, 충성도를 유지하며, 재구매 및 추가 매출을 유도하는 활동을 의미합니다.

(6) 합격자 스펙

- 학점 : 3.18/4.5
- 어학성적 : 영어OPIc IH등급

자격증 : 자동차운전면허(1종보통),

　　　　　이동형 환경정보 수집기를 이용한 환경정보 제공 시스템 (특허출원)

- 대내외 실습 경험 : 한국생산성본부 마케팅물류팀 인턴 8개월, 삼성 봉사단 활동,

　　　　　　　　　창업, 삼성봉사단 mc, 단러닝 클럽 Best Practice 공모전,

　　　　　　　　　LINC 대학생 프레젠테이션 경진대회,

　　　　　　　　　전자 & 디스플레이 학술제, U-300 창업경진대회,

　　　　　　　　　지역 우수 기업 탐방 리포트 경진대회, LINC 토론배틀

- 아르바이트 경험 : 뚜레쥬르 계약직, 서울진로상담연구소 강사(1년)
- 직업교육 : 영업협상 실무교육 1주, AI융합전문가(유통,물류부문),

　　　　　　삼성생명 금융 아카데미 20기, Tensorflow[40]를 활용한 딥러닝 기초 수료,

　　　　　　KIDS SCHOOL 디스플레이 구동 및 회로

---

40) TensorFlow(텐서플로우)는 구글(Google)이 개발한 오픈소스 머신러닝(ML)* 및 딥러닝(Deep Learning) 프레임워크입니다. 머신러닝 모델을 쉽게 만들고 학습할 수 있도록 도와주는 라이브러리로, 딥러닝에서 가장 널리 사용됩니다.

　* 머신 러닝(ML)은 인공지능(AI)의 하위 분야로, 컴퓨터가 데이터를 통해 학습하고 개선되는 기술입니다. 데이터를 분석하여 패턴을 찾아내고, 이를 바탕으로 예측과 의사결정을 내리는 알고리즘을 사용합니다.

(7) 면접 시 기억나는 문항

Q1. 회사에 대해서 아는 대로 말씀해 보세요.

A1. 회사의 매출액이나 성장 가능성 및 방향 등에 관해 이야기를 했습니다. 면접관분께서 보았을 때 회사에 대해 인지를 많이 한 상태라고 생각하셔서 좋아하셨습니다.

Q2. 살면서 생각나는 힘들었던 경험은 무엇인가요?

A2. 저는 군대 얘기를 했었는데 자기 삶에서 어떤 부분들의 영향을 미쳤고 이게 곧 회사에선 어떻게 기여할 수 있는지에 대한 부분들을 어필하면 더 좋을 것 같다고 생각합니다.

(8) 취업준비생에게 힘이 될 수 있는 한마디

자신이 얼마만큼 고민하냐에 따라 면접에서 결정이 나기 때문에 자기가 원하는 회사나 관심 있는 산업이 있으면 해당 분야에 대해 꾸준하게 보다 보면 합격의 시기가 찾아옵니다. 그러니 포기만 하지 않았으면 좋겠습니다.

12) 오뚜기(대기업) 생산관리

(1) 기업소개 및 직무소개

저는 평택에 있는 오뚜기 공장에서 생산관리를 담당하고 있습니다. 생산관리 직무는 제품을 생산할 때 작업자 관리나 생산 계획에 대해 어떤 제품과 품목을 얼마나 생산할지를 지정하고, 기계 라인 등이 잘 가동될 수 있도록 관리하는 직무입니다.

(2) 지원동기

제가 식품공학과다 보니 공장 제품들을 관리하고 싶었습니다. 그리고 생산 관리 직무가 갑작스러운 일이나 다툼이 있을 때가 있는데 이런 것들을 이겨내며 다양한 일을 배우고 싶어 이 직무를 선택하였습니다.

그리고 과 특성상 품질 관리과를 많이 선택합니다. 그래서 공고가 올라왔을 때 생산관리밖에 없기도 해서 이 직무를 선택했습니다.

(3) 면접 시 기억나는 문항

Q1. 오뚜기 신제품 중에 먹어본게 있으신가요?

A1. 지중해산 하이라이스 먹어 보았습니다.

(4) 취업 가이드라인

생산 관리 직무에 오시면 업무 특성상 트러블이 많이 발생합니다. 그런 것들을 컨트롤할 수 있고 유기적으로 활동할 수 있는 분들이 오시면 좋습니다. 그리고 생산 관리 자체가 다른 관리부서들보다는 업무 스펙트럼이 다양하다 보니 업무를 빨리 습득하실 수 있는 분이 들어오시면 좋을 것 같아요.

또 우리 회사는 특성상 일본, 독일 등의 외국 기업과 자주 협업합니다. 그래서 어휘력이 뒷받침된다면 좋을 것 같습니다. 굳이 있을 필요는 없지만 영어나 제2 외국어 관련 회화를 잘한다면 많은 도움이 될 것 같습니다.

(5) 역량개발

일단 회사가 원하는 인재상이 정해져 있습니다. 입사한 사람들을 보면 성향이 조금씩 비슷했기 때문입니다. 아마도 인성 평가를 진행하면서 그에 맞는 인재상이 있는 것 같아 신기했습니다. 인성 검사가 인재상에 잘 맞아서 들어온 것 같다고 생각합니다.

그리고 면접 시에는 본인이 자기소개서에 적었던 내용과 마인드가 일체화가 되어 있어야 합니다. 그래야 이 사람이 진실한 사람이고, 우리가 추구하는 인재상에 맞는다는 것을 면접관들이 파악하고 선호하기 때문입니다.

(6) 합격자 스펙

- 학점 : 3.5/4.5
- 어학성적 : 토익스피킹 IH
- 자격증 : 컴퓨터활용능력 1급, 한국사능력검정 1급

(7) 취업준비생에게 힘이 될 수 있는 한마디

지금 취업이 힘들다고 알고 있습니다만 제가 2년 전에 취업할 때도 매우 힘들었습니다. 하지만 결국에는 다 취업합니다. 꾸준히, 열심히 준비하시면 언젠가 이루게 되어 있으니 포기하지 마세요.

13) OO제약(중소) 품질관리

(1) 기업소개 및 직무소개

저는 OO제약 OO공장에서 품질관리 직무를 맡고 있습니다. OO제약은 완제 의약품 개발과 생산을 주력으로 하고 있고, 제네릭(복제) 의약품 개발도 같이 진행하고 있습니다.

(2) 지원동기

저는 여러 가지 경험을 해보고 싶어서 HPLC[41]나 이화학[42] 쪽 기기를 배우는 수업을 들었어요. 수업을 듣던 중 품질관리라는 직무를 알게 됐고 해당 직무를 준비해 보고 싶어 결정하였습니다. 저는 미생물 학과라서 처음에는 미생물 QC(품질 관리) 쪽으로 지원했는데 공고도 많이 안 뜨고 폭이 좁다고 생각해서 이화학, QC, QA(품질 보증) 부문으로 알아봤습니다.

---

41) HPLC는 고성능 액체 크로마토그래피를 뜻합니다. 액체 시료에 포함된 화합물을 분리, 식별, 정량하는 화학 분석 기법입니다

42) 이화학은 물리학과 화학을 아울러 이르는 말입니다.

(3) 취업 가이드라인

먼저 서류를 통과하면 인적성 검사 후 면접을 보는 것으로 알고 있습니다. 저는 학교의 채용 연계형 인턴으로 입사해서 인턴 6개월을 마친 뒤 부사장님과 면접 후 정직원으로 전환되었습니다. 자기소개서를 쓸 때 그 회사의 인재상 중에 어떤 부분이 자신과 연관된다고 생각하는지 쓰는 문항이 있었습니다. 품질관리 직무는 미래지향적, 도전적이고 책임감 있는 역량을 중시하면 좋습니다.

(4) 역량개발

외국어는 지원 요건은 없었지만 TOEIC 900점을 취득한 후 지원했습니다. 그리고 저는 미생물학과이기 때문에 화학 지식이 부족하다고 생각할 수 있을 것 같아 화학 분석 기사와 위험물 산업기사 자격증을 준비했습니다.

방학 때 링크 사업단에서 하는 이화학적 기기를 배우는 수업을 들었고 분석 기기 기초 수업과 활용 수업을 들었습니다. 그 외에 따로 직업교육 등의 프로그램은 듣지 않았습니다.

2학년 때 학과 내 진균실험실에서 URP[43] 활동을 1년 동안 했었습니다. 활동하면서 PCR 실험[44]을 통해 종 동정[45]과 염기 서열을 분석하는 활동을 했었고 국내 미기록 종도 2종을 발견했는데 그때의 경험이 자기소개서를 쓸 때 많은 도움이 됐습니다.

---

43) URP는 학부생 연구참여 프로그램(Undergraduate Research Participation Program)을 뜻합니다.

44) PCR(Polymerase Chain Reaction) 실험은 DNA나 RNA의 특정 부분을 대량으로 증폭시키는 기술입니다. 유전자를 얻는 실험에서 특정 유전자를 관찰하기 위해 사용됩니다.

45) 종 동정이란 대상 생물 또는 표본이 속한 분류군을 찾는 과정을 의미합니다.

(5) 면접 시 기억나는 질문

부사장님이 독서를 좋아하는 분이셔서 3개월 수습 기간에 독서록 세 편을 써서 내야 했습니다. 그리고 면접 때도 가장 감명 깊게 읽은 책이 무엇인지 물어보시고, OO제약에 관해서도 여쭤보셨습니다.

(6) 합격자 스펙

- 학점 : 3.97/4.5
- 어학성적 : TOEIC 900
- 자격증 : 화학분석기사, 위험물산업기사
- 대내외 실습 경험 : 진균실험실 URP 활동(1년)

(7) 합격을 위한 팁

제가 좀 계획적이고 꼼꼼한 편인데 그런 성격이 도움이 되었다고 생각합니다. 왜냐하면 이쪽은 실험도 하지만 성적서 작성 등의 다른 업무를 할 때가 많은데 시간이 촉박하다 보니 근무시간 동안 마치지 못할 때가 있습니다. 이럴 때 어떻게 효율적으로 업무처리 할 것인가 생각하는 것이 도움이 되었다고 생각합니다.

(8) 취업준비생에게 힘이 될 수 있는 한마디

저도 취업 준비를 6개월에서 1년 정도 했는데 많이 힘든 시간입니다.
하지만 어디든 취업할 곳은 있으니 포기 안 하고 열심히 하셨으면 좋겠습니다.

4. 외국계 기업

1) 모리타상사 종합직

2) 캐논쎄미콘덕터엔지니어링코리아 기술영업

3) 도쿄일렉트론코리아 공정엔지니어

1) 모리타상사 종합직

(1) 기업소개

모리타상사는 치약, 칫솔부터 CT, X레이 및 레이저기기까지 폭넓게 다루는 일본 치과업계 2위의 종합상사입니다.

(2) 채용 프로세스

취업 프로세스는 한국과는 크게 다르지 않습니다. 하지만 지원자 항목 내의 내용들이 유기적으로 연결되는지 여부가 가장 중요합니다. 내용이 다르면 면접관이 의심할 수도 있으므로 항목 하나하나 빠짐없이 연결되도록 신경 쓰는 것이 중요합니다. 그리고 면접의 경우 일본어로 진행하기 때문에 자신이 면접관의 질문을 얼마나 잘 이해하는지, 면접관이 한 질문에 대해 명확한 답변도 할 수 있어야 합니다.

(3) 직무소개

• 종합직 : 종합직이란 직무가 정해져 있는 것이 아닌 채용 후 사원 개개인의 역량 파악을 통해 직무를 배정하는 시스템입니다.

(4) 면접 시 기억나는 질문

Q1. 지원동기가 무엇인가요?

Q2. 왜 일본에서 일하고 싶으신가요?, 왜 우리 기업에서 일하고 싶으신가요?, 언제까지 일본에서 근무하고 싶으신가요?

Q3. 대학 생활 및 학창 시절 기억에 남는 경험은 무엇인가요?

(5) 직무역량 개발

1학년 때는 취업에 대해 생각하지 않았고, 군대 전역 후 복학하고 나서 본격적인 취업계획을 시작하였습니다. 그리고 일본으로 1년간 교환학생으로 간 것이 취업 방향에 대한 큰 전환점이 되었습니다. 일본에서 공부와 아르바이트를 병행하며 적응력을 키우는 동시에 3학년 때에 한국으로 돌아온 후에는 한일 양국의 문화적 교류에도 관심을 가졌습니다. 2학년 때부터 서류 등과 관련하여 취·창업 센터분들의 도움을 받았고 일본어의 감을 잃지 않기 위해 통·번역 업무를 병행하였습니다.

(6) 합격자 스펙

• 학점 : 3.6/4.5
• 어학성적 : 토익 900점, JLPT N1, OPIc IM2
• 자격증 : MOS 2023 마스터, 운전면허증
• 대내외 실습 경험 : 일본어회화 동아리
아르바이트 경험 : 식당, 술집, 택배, 행사 스탭, 편의점, 통번역

(7) 일본 기업 취업 시 컴퓨터활용능력, MOS 중 어느 것이 의미가 있는지?

난이도 측면에서 보면 컴퓨터활용능력이 당연히 좋지만 국내에서 밖에 인정이 되지 않는 단점이 있습니다. 반면 MOS의 경우 난이도는 컴퓨터활용능력에 비하면 낮지만 국제인증이 된다는 장점이 있습니다.

(8) 일본계 기업 합격에 유용한 사이트나 도서

코트라(KOTRA)에서 운영하는 '월드잡플러스'를 추천하고 싶습니다. 그리고 일본 내 사이트는 마이나비나 니쿠나비, 캬리타스를 추천합니다. 캬리타스의 경우 학생 신분에서 가입하는 경우 일본경제신문(니혼케이자이신분)을 무료 구독할 수 있습니다.

일본어 공부의 경우 처음 준비할 때는 JLPT N3 정도의 난이도로 시작했는데 그때 공부한 책이 길벗출판사의 '일본어 문법 무작정 따라 하기'를 통해 문법의 예문에 나오는 단어도 같이 익혔습니다. 그 이후에는 N2, N1 대비 교재로 부족한 문법을 채웠습니다. 교재는 'JLPT N2, N1 한권에 끝내기(다락원)', 단어장은 시나보카 단어장이었고요. 영어의 경우 학창 시절에 디스커버리 채널 프로그램을 좋아하여 계속 보다 보니 귀가 뜨이고 단어가 들리게 되었던 것 같습니다.

(9) 일본 현지에서 근무하며 느낀 일본문화와 한국문화의 차이점

일본에서는 업무 중 핸드폰 사용이 절대 금지입니다. 핸드폰 충전도 사내마다 다르지만 대체로 금지하는 곳이 많습니다. 또, 존칭의 경우도 우치(內, 안)와 소토(外, 밖)에 따라 경어 및 압존법 사용 여부가 현격히 달라집니다.

2) 캐논쎄미콘덕터엔지니어링코리아 기술영업

(1) 기업소개 및 채용 프로세스

제가 근무하는 회사는 캐논코리아의 자회사 4개 중 한 곳인 캐논쎄미콘덕터엔지니어링코리아에 근무하고 있습니다.

채용 프로세스는 자기소개서 작성, 1차 면접 순으로 이루어지고 모두 일본어로 진행합니다.

(2) 직무소개 및 지원동기

- FPA 기술 영업 : 이 직무는 특별주문 활동 계획 및 고객 대응, 시장 수집과 분석이 주된 업무입니다.

- 지원동기 : 어릴 때부터 기계에 대한 관심이 많았습니다. 그리고 기술 영업 직무는 특수성 때문에 아무나 하지 못하고 본인의 커리어에도 많은 도움이 되지 않을까 싶어 지원하게 되었습니다. 그리고 일본어도 어느 정도 구사가 가능해 지원하였습니다.

(3) 면접 시 기억나는 질문

Q1. 소주를 몇 병 드시나요?

Q2. 엑셀과 PPT 능력이 어느 정도 되시나요?

(4) 직무역량 개발

3학년 때까지는 학점 공부와 외국어 공부에 집중했습니다. 그리고 4학년 1학기 때부터 본격적으로 취업 준비를 시작했는데, 이때 외국어를 활용할 수 있는 기업에 지원하기로 하였습니다.

영어는 실력 향상을 위해 교내 영어 회화 동아리에 가입하여 활동하였습니다. 그 이후 호주에서 1년 동안 영어 공부를 하였습니다. 그리고 외국어에 소질이 있다고 생각해 일본에서도 2년 정도 유학 생활을 했습니다.

그리고 4학년 때 창업을 잠깐 하였는데 그때 고객과 소통한 것이 커뮤니케이션 능력을 향상하는 데 도움이 되었습니다.

(5) 합격을 위한 팁

지원한 직무가 기계 쪽이다 보니 대부분 이공계열 분이 지원을 했었습니다. 저는 경쟁자와 차별점을 두기 위해 국제통상학부임에도 영어 및 일본어를 공부했다고 하며 학습 능력이 좋은 것에 대해 어필한 점이 합격하는 데 도움을 주지 않았나 싶습니다.

(6) 합격자 스펙

- 학점 : 3.91/4.5
- 어학성적 : 토익 870점, JLPT N1, JPT 855점
- 아르바이트 경험 : 요식업 아르바이트

(7) 취업준비생에게 힘이 될 수 있는 한마디

어떤 기회가 찾아왔을 때 그 기회를 잡을 수 있는 능력을 기르는 게 중요하다고 생각합니다. 취업하시기 전에 자신을 먼저 객관화해서 본인의 강점과 약점을 잘 파악하셨으면 좋겠습니다. 그리고 학교에서 주관하는 취업프로그램을 적극적으로 활용하시는 것도 취업에 큰 힘이 될 것이라 생각합니다.

3) 도쿄일렉트론코리아 공정엔지니어

(1) 기업소개 및 직무소개

도쿄일렉트론은 반도체 그리고 플랫패널 디스플레이 FPD[46] 제조 장비 회사로 레이저 장비 회사로는 손에 꼽는 대표 회사입니다.

• 공정 엔지니어 : 저는 고객사가 샘플을 제공하면 저희 제조 장비를 통해서 최적의 산출물을 제공해 주는 역할을 담당하고 있습니다.

(2) 지원동기

제가 아무래도 어떤 현상의 원리에 대해 파고드는 것을 좋아하고 계속 공부하기를 원해서 해당 직무를 지원하게 되었습니다. 또한 장비 등을 만드는 것을 좋아하고 그런 원리를 중요하게 생각하기 때문에 이 회사를 선택하게 됐습니다.

---

46) FPD(Flat Panel Display) 제조는 평판 디스플레이를 생산하는 과정으로, 주로 LCD, OLED, MicroLED등의 디스플레이 패널을 제작하는 것을 의미합니다.

(3) 역량개발 방법

저는 공정 엔지니어다 보니까 분석도 중요하고 이제 여러 가지 데이터들을 분석하고 또 원리도 알아가면서 공부해야 하다 보니 이런 준비를 하면서 빅데이터 분석 기사뿐만 아니라 ADsP[47], DAsP[48] 같은 데이터 분석 툴 쪽으로도 공부했었고요.

그리고 학과에서 배웠던 내용을 보충하기 위해 여러 가지 외부 교육을 받았습니다. 서울대나 외부 교육 사이트에서 운영하는 반도체 공정 실습, 반도체 설계 교육 센터 등이 있는데 그런 곳에서 다른 대학 교수님들이 진행하시는 무료 강의를 수강했습니다.

---

47) ADsP(데이터분석 준전문가)란 데이터 이해에 대한 기본지식을 바탕으로 데이터분석 기획 및 데이터분석 등의 직무를 수행하는 실무자를 말합니다.

48) DAsP는 데이터 아키텍처 준전문가를 뜻합니다. 데이터 아키텍처를 효과적으로 구축하기 위해 데이터 요건 분석, 데이터 표준화, 데이터 모델링 등의 직무를 수행하는 실무자를 말합니다.

- 224 -

(4) 합격을 위한 팁

우선 학과 공부를 열심히 하시는 게 중요합니다. 우리가 학교에서 배우는 것은 다른 것들과 모두 연결됩니다. 반도체도 뿌리가 다른 수많은 학문의 기초 원리들이 반도체라고 하는 기술의 프런티어에 도전하기 위해 적용되니까요. 반도체를 공부하다 보면 우리가 많은 데서 배웠던 기초 학문의 흔적을 찾을 수 있을 겁니다. 그래서 자신이 공부하고 있는 것을 어디에 사용할 수 있을지 먼저 생각해 보세요.

스펙의 경우 자신이 정말 필요로 할 때 자격증을 취득하는 게 좋을 거라고 생각합니다. 아까 말씀드렸듯이 학문이 반도체 하나를 생산하기 위해 집약되는 것처럼 자신의 스펙, 그러니까 자신이 걸어왔던 발자취 또한 회사에서 요구합니다.

(5) 일본어 공부 방법

일단 자주 접하는 게 중요합니다. 일본어는 어순이나 어원 자체가 한국어랑 비슷하다 보니까 쉽게 다가갈 수 있고요. 또 발음이 비슷한 것도 있기 때문에 뉴스를 보면서 한국어랑 비슷한 단어들을 찾아보면 쉽게 공부할 수 있을 거라 생각합니다.

일본어 공부가 힘들다는 의견도 있는데 이는 당연한 것을 당연하지 않다고 생각하기 때문에 그렇습니다. 예를 들면 1 더하기 1은 2라는 것을 생각하며 사고를 단순화해서 당연하게 생각한다면 그런 힘듦도 쉽게 받아들일 수 있을 거라고 생각합니다.

(6) 합격자 스펙

- 학점 : 4.0/4.5
- 어학성적 : JLPT N1, 토익 935, OPIc AL, HSK 4급
- 자격증 : 빅데이터 분석기사, ADsP, DAsP[49]
- 대내외 실습 경험 : 서울대 반도체 공정 실습, 연구실 인턴
- 직업교육 : 창업경진대회

(7) 합격을 위한 팁

 자의식을 버리고 자신이 지금 하는 목표만을 생각하세요. 경쟁을 생각하면 그 위에는 항상 누군가가 있는 법입니다. 내가 뛰어나다고 할 수 있을지라도 누군가는 더 뛰어난 일을 하고 있고 또 그 누군가보다도 더 뛰어난 사람이 있을 겁니다. 하지만 그걸 맨날 생각하고 살면 수렁에 빠져 있게 되는 자신을 발견할 수 있을 겁니다. 대신에 자의식을 버리고 자신이 지금 하는 행동에 집중하고 우선 생각보다는 행동으로 옮기려고 노력하십시오. 보통 많은 부분 그런 데서 행운이 찾아오는 것 같습니다. 그리고 세상은 그런 사람들을 좋아하는 것 같기도 하고요.

---

49) 데이터아키텍처 준전문가(DAsP, Data Architecture Semi-Professional)란 효과적인 데이터아키텍처 구축을 위해 데이터 요건 분석, 데이터 표준화, 데이터 모델링, 데이터베이스 설계와 이용 등의 직무를 수행하는 실무자를 말한다. 자격증 발행은 한국데이터베이스진흥센터(KDBC)

(8) 취업준비생에게 힘이 될 수 있는 한마디

취업 준비를 하다 보면 자신이 쌓아왔던 모든 것도 그렇고 앞으로의 일들이 어렵게만 느껴집니다. 하지만 뭐든지 생각부터 하면 어려워 보이기만 합니다. 그러니 먼저 행동으로 옮기세요. 그리고 요즘 신입으로 들어오는 분들 보면 의외로 나이가 많습니다. 그러니 늦었다고 생각하지 마시고 당장 하시면 됩니다. 저도 대부분의 자격증은 4학년 이후에 딴것들이기 때문에 충분히 할 수 있다고 생각합니다.

☑ 참고 문헌 및 출처

월드잡플러스 https://www.worldjob.or.kr/new_index.do

사람인 https://www.saramin.co.kr

단국대학교 대학일자리플러스센터 https://youngwoong.dankook.ac.kr

전자공시시스템 https://dart.fss.or.kr

알리오 ALIO : 공공기관 경영정보 공개시스템

가톨릭대학교 초청 대학일자리플러스센터 DART 직무교육

나무위키 : https://namu.wiki

네이버 지식백과 HRD 용어사전

인적성검사 – 사람인

취업진로 모티베이션

막막한 취업시장, 나에게로 동기부여를 하라!
이 책이 제시하는 **5가지 주제와 획득!!**

1. 전공, 비전공, 무전공자를 위한 취업·진로 역량개발을 위한 필독서
2. 취업컨설턴트로서 풀어내는 취업성공사례와 어디에도 없는 꿀팁 제시
3. 자기분석, 직무분석, 기업분석, 자기소개서, 면접대비 아웃라인 제시
4. 취업·진로 컨설팅에 가장 많이 등장하는 Q&A를 한권으로 제시
5. 취업에 성공한 선배를 알면 내가 보인다. 취업준비와 전략의 모든 것

MEMO

MEMO